北京上河卓远文化传播有限公司　出品

上河·中国研究译丛
主编 张云鹏

蕴秀之域
中国明代园林文化

〔英〕柯律格 著
孔 涛 译

FRUITFUL
SITES:
GARDEN
CULTURE
IN MING
DYNASTY
CHINA

CRAIG CLUNAS

河南大学出版社
HENAN UNIVERSITY PRESS
·郑州·

图书在版编目（CIP）数据

蕴秀之域：中国明代园林文化 /（英）柯律格著；
孔涛译. — 郑州：河南大学出版社，2018.1
ISBN 978-7-5649-3191-9

Ⅰ.①蕴… Ⅱ.①柯… ②孔… Ⅲ.①古典园林—园林艺术—文化研究—中国—明代 Ⅳ.①TU986.62

中国版本图书馆 CIP 数据核字（2018）第 008157 号

Craig Clunas
Fruitful Sites: Garden Culture in Ming Dynasty China
was first published by REAKTION Books, London, 1996.
Copyright © Craig Clunas 1996
Simplified Chinese translation copyright © 2018 by HNUP
All rights reserved

豫著许可备字-2015-A-00000279

蕴秀之域：中国明代园林文化

著　　者　[英]柯律格
译　　者　孔　涛
责任编辑　刘淑颖　陈晓菲　侯若愚
责任校对　杨全强
封面设计　周伟伟

出　　版　河南大学出版社
地　　址　郑州市郑东新区商务外环中华大厦2401号　邮编：450046
电　　话　0371—86059701（营销部）　网址：www.hupress.com
制　　作　北京大观世纪文化传媒有限公司
印　　刷　河南瑞之光印刷股份有限公司
版　　次　2019年1月第1版　　　　　印　次　2019年1月第1次印刷
开　　本　787mm×1092mm　1/16　　印　张　14.5
字　　数　158千字　　　　　　　　　定　价　68.00元

版权所有，侵权必究
（本书如有印装质量问题，请与河南大学出版社营销部联系调换）

目 录

致谢 1

引言 3

一　盈萃之庭 9

二　观赏性园林 47

三　文氏园林 85

四　园林之象 113

五　园林与数 147

结论 169

注释 175

参考文献 204

索引 219

致　谢

首先衷心感谢在伦敦和美国为我写作本书提供方便的维多利亚和阿尔伯特博物馆的同仁：前博物馆主任伊丽莎白·埃斯特乌-科尔（Elizabeth Esteve-Coll）、前研究室主任查尔斯·索马里兹·史密斯（Charles Saumarez Smith）以及远东收藏部主任罗斯·克尔（Rose Kerr）。鲁珀特·福克纳（Rupert Faulkner）和维里蒂·威尔逊（Verity Wilson）也提供了帮助，在此一并致谢。我在华盛顿特区敦巴顿橡树园这所著名研究机构做园林学研究员时，也曾得到爱德华·哈伍德（Edward Harwood）、乔基姆·布尔曼（Joachim Wolschke-Bulmahn）、特伦斯·杨（Terence Young）、安妮·撒切尔（Anne Thacher）以及其他很多研究员和工作人员的帮助。华盛顿国会图书馆的米-楚·威恩斯（MI-Chu Wiens）、美国国立亚洲艺术博物馆的莉莉·凯科西斯（Lily Keksces），美国国家农业图书馆的约翰·迪克森·亨特（John Dixon Hunt）、苏珊·那坎（Susan Naquin）也为本书提出了很多建议并给予了切实帮助。在芝加哥，我不仅从参与"早期现代中国的土地与山水"研讨班的学生们身上获益良多（这个研讨班是我于1993年冬季在芝加哥大学艺术系开设的），而且还获得了芭芭拉·班克斯（Barbara Banks）、潘恩婷（Elinor Pearlstein）、托马斯·卡明斯（Thomas Cummins）的帮助。此外，我对曾为本书提供意见、建议和相关资料的彼得·伯克（Peter Burke）、高居翰（James Cahill）、诺玛·菲尔德（Norma Field）、温芳（Wen Fong）、冯仕达（Stanislaus Fung）、韩德琳（Joanna Handlin Smith）、何伟亚（James Hevia）、琼·霍恩比（Joan Hornby）、戴纳·莱博索恩（Dana Leibsohn）、帕特丽夏·麦卡纳尼（Patricia McAnany）、周绍明（Joseph McDermott）、查尔斯·梅森（Charles Mason）、梅塔耶（Georges Métailié）、海伦·萨克斯比（Helen Saxbee）、约翰·斯泰尔斯（John Styles）、余蓓荷（Monika Ubelhor）、马熙乐（Shelagn Vainker）、伊夫林·韦尔奇（Evelyn Welch）、凯思·威尔逊（Keith Wilson）同样深表谢忱。

引　言

本书并非为展示一部中国园林的历史，其远远超脱于对这样一部历史存在与否的质疑，我所尝试要做的是提供一种脱离惯例的记述，写作本书是为了记述公元1450—1650年之间中国江南地区社会上层的造园理念和无处不在的园林营建活动。这些营建活动被表现于文本的视觉呈现中，以文献中的地图、绘画和插图等形式存在。这些园林除了北京皇城中有几例外，几乎都集中在经济富庶、文化昌盛的长江下游地区。

我觉得很有必要把当时存在于中国明代文学中的数量庞大的关于园林的作品中的一小部分，翻译为英文去传播。这些很多以笔记或"笔记体文学"的形式出现，有关园林的内容在笔记中也往往只占有很小的篇幅。虽然仅在文献中出现"园林"的地方做相应的记录并不很严谨而科学，但我实在没有更好的办法。不管怎么说，我们需要更深入细致地了解园林的主人、园林形态、建造时间和地点。我虽然并没有全部读完那些文献，但我自信已经获得了足够多的论据来论证中国明代造园理念的变化，从中可以看出前后一百年间在描写和形象展示这些园林方面的诸多差异。

我的论述开头部分相当仓促，既没有对那些可以翻译为"园"的各种语词进行文献学的翻检，也没有引述有关那些语词的古典金文文献。我这样做是有意为之的，因为语词的起源义跟它们的本质义并不一致，这是东方学研究的核心经验之一。相反，我更关心有关中国明代园林的那些自由表述，不论这些表述"大到构成严肃的世界观还是小到仅是只言片语"[1]。我同样有意识地把"园林"这一概念与其他概念联系起来论述，比如田产，这个概念在既有的英文二手文献中已被长期忽略。尽管大家都愿意甚至都渴望去谈论以彼此联系、纵横交错为特征的中国式世界观的整体性质，但由于他们的世界观很忌讳谈论一些文化活动的经济意义，因此探讨园林的经济学意义由于公认地缺乏证据而变得很困难。引入经济性考察并不是为了揭示中国园林的真正性质，也不是为了简单论证中国园林的确有经济产权属性。更主要的是，这本书提供了一个非传统的历史观察视角，其内在精神与高居翰在其力作《中国绘画的三种选择历史》（*Three Alternative Histories of Chinese Painting*）中所提出的观点相契合，这个观点就是"不同的写作方法和写作模式都可以有效地诠释艺术的历史，这取决于我们把艺术及其相应背景的哪一方面作为我们关注的核心"[2]。

先看一个与本书的写作方法相背的案例。1934 年春天，美国园艺技师弗莱彻·斯梯尔（Fletcher Steele，1885—1971）到远东地区进行了为期三个月的游学旅行[3]，当时游学旅行正成为欧美富人们的流行嗜好。斯梯尔去了中国北方的一些地方，那些地方为他提供了很多材料，他随即将这些材料在 1946 年为波士顿社区举办的一场园艺技师演讲中提供给了他的专业同行，并紧接着以一个不容置疑的标题《中国教益：天朝的园艺观念和心境》[4]刊发。其开头部分又冠以"种族和设计——中国"的标题，并以一句同样不容置疑的句子"中国园林是内向含蓄的圣地"开头。斯梯尔的目的，正如他在一处脚注里坚称的："不是写中国园林，而是为了把中国园林当作阐释、宣传园林及其设计者的某种理念和心境的例子。这就是我的目的，不仅仅是描述。"纯粹的描述可能真被排除了，他的行文中其实并不缺少定义，同样不缺少关于中国人做什么、想什么、意指什么的限制性论断，所有这一切都是从"中国园林"这一个孤立的点上推论而来的。

斯梯尔把演讲内容合并到 1964 年出版的一本书的某一章中去了。标题也作了修改，不再叫"中国教益"，而改作更简单的"中国人知道"，就像"英国人关心"、"意大利人觉得"、"西班牙人容忍"一样[5]。"中国人知道"这个表述包含着一个意义重大的修正。早期版本的一个句子"新港诸多大厦被拆乃至整个城市被新式建筑风格所取代的事实，可以反衬出中国建筑设计的恒久性和保守性，现在新版本把"中国"修改成"一个变化不剧烈的文明"[6]。与这个改动恰恰相反，在过去的三十年间，中国社会发生了很多跌宕起伏的变化，从第一次国内战争，抗日战争，第二次国内战争，社会主义改造时期，大跃进和大饥荒，到文化大革命，这些社会变革充分说明斯梯尔把中国定性为"变化不剧烈的文明"也是很牵强的。

对斯蒂尔来说，这可能是微瑕，一个风行一时的风景建筑师本来就未必会关注什么国际政治，但是如果不把这种社会的剧烈变动看成是"东方主义"全部文化观念的自然产物，也是不明智的。一部园林史即使不关心政治，也不应该割裂与其他东方研究领域的联系，否则就不能被视为不证自明的正确。[7]

中国园林与中国人性格的联系早在十九世纪已有论及，该论述明确贬低了二者：

> 中国人在园林上的口味明显是这个民族总体性格的反映，而且是其主要性格特征——怪僻的反映。他们对奇特和畸形事物的喜爱，在那些进步而自由开明的国度的人们身上很难看到。[8]

一个十九世纪早期的作者不喜欢中国园林的程度可能与斯梯尔欣赏它们的程度是一样的，但这两个例子都是以西方人的观察视角作出的鉴定性结论。这不是"中国知道"，而是"西方知道"，体现了斯梯尔由为期三个月的中国之旅得出的个人见解。他从所参观的景点的整体特征联系到了这个种族内在的恒常性格。这个种族从来没有变化，就像"中国园林"从来没有变化一样，即使是战争、革命、饥荒也都是些微不足道的小事情，他所谓的"仅仅是描述"其实是带着某种偏见的。

斯梯尔那样的著述虽过去了几十年，但将中国园林的特性与中国人的总体性格相联系的这种写法并未得到实质性的削弱。实际上，中国园林整个世纪以来，一直被海内外华人作家和非华裔作家认为是中国文化特质的一个关键展示窗口。出版于1938年的关于这一主题的第一本英文专著，开篇语也是这样表述的：

> 在中国，一座园林绝不仅仅是一个寻求安宁和梦境的地方，它是生命哲学的体现。和谐和精致的韵律是中国人的宇宙观在园林中的折射。[9]

更晚近的一些研究同样如此，1940年首次出版的一本论文集包含一篇由著名的思想史专家陈荣捷（Wing-tsit Chan）写的论文（被后世广为征引），题目为"中国园林中的人与自然"。这里的"自然"被认为是至高无上和不容置疑的存在，它超越于人的力量之外，也不以人的主观意志为转移。[10]不论是对于园林的专论还是仅把园林当成论证某些更大论题的例子，从中很容易就会找到一大堆众口一词的表述："中国园林是中国人源自对自然之亲近感的艺术思想和观念的一种表达"、"中国园林体现着对自然界的更加亲密的感应和联系"或者"这座皇家园林映射着道家的自由、自发性以及在大自然面前的谦恭姿态"[11]。与之相似，也存在着大量类似论断，诸如"中国园林本质上是外在于社会生活的空间，这个空间排斥政治生活以至家族关系，是一个平静而安详的地方。有思想的中国人在园林中寻求对烦恼、挫折和生活重压的解脱"[12]之类的描述充斥于学术性著作和报纸的流行文章中。近年来，中国园林的展示与陈列开始采取真境复原的方式，有几家是与博物馆合作的。从台北故宫博物院到纽约大都会艺术博物馆（插图37），"中国园林"现在已经成为诠释中国文化特征的关键点，取代了六七十年前以展示寺庙内部景观诠释中国文化的方式，至少在美国是这样的。

我有意避开这种轻省的解释，这种解释不仅依赖内生于中国园林和中国人的既定本质来展开，也依赖于"中国社会"和"中国文化"的那种连续且恒定的既定本质来展开。而我确信这样的论断，"因为我们的'社会'概念是分析它本身的主要范畴，它容易产生用'抽象的本质'取代'活泼泼的变化过程'这样的弊端，因此我们应该用'政治形态'这一概念代替'社会'这一抽象概念。"[13]一个活生生的文化，其本质是内在的、一脉相承而又自足的，但在我看来，詹姆斯·克利福德（James Clifford）包括其他人的批判性言论并未证明这一点。现在，这一点被爱德华·萨义德（Edward Said）在他最近关于帝国主义的文化交流的论述中得以证明。[14]因此在下文中我将尽力反对"中国文化"与西欧文化截然相异的观点，这个观点最大化了中欧在历史实践上的差异性，而最小化了中国国内不同历史时期和地理版块上的差异性。我的论点是，探讨中国园林的意义远比试图以此证明中国文化另类性的产生和维系要重要得多。他们通过引证中国人和自然的永恒关系，似乎证明了中国文化的这种另类性。这种引证乃至成为某种思维定势，用霍米·巴巴（Homi Bhabha）的话说，这种引证已成了"一种知识形式和区分模式，有的研究者认为是众所周知，无须赘言的，有的研究者则认为是需要不断重复的"[15]。中国园林在斯梯尔、多萝西·格雷厄姆（Dorothy Graham）和其他许多人看来，始终是一样的。而我们虽然有些不同看法，还不得不继续这样说。

作为一种物质文化景观，园林是一种特殊的人造物。关于园林是不是艺术作品的哲学考证，并非本书关注的焦点。本书也不像其他艺术专著那样，将园林直接归为一个艺术门类——一个先天就存在的抽象门类，而是把它看成具有丰富的历史和社会内容的独特且富有争议的物质文化载体[16]，如果算得上艺术门类的话，那也是广义上的。本书的研究无法被定位于园林史这个新生学科之外，园林史很多最新的研究成果已经通过一些公共组织如学术期刊、国际会议和研究中心展现出来了。

园林史的研究本身也经历了一个历史过程，它最初从建筑史中分离出来，开始时把研究重点放在个体园林的完整性研究上，时常关注这些园林的雏形。这种比较幼稚的研究方式过于关注园林的早期形态而忽视了深层次的问题。约翰·迪克森·亨特（John Dixion Hunt）发展了一种更为复杂的文化史研究方法，他一直主张用尽可能最广泛的可读资源作为园林史研究的基础，这些资源可能不仅仅限于传统的"文献"的概念。[17]另一个可供选择的方法是，尽可能把世界各地的园林建设与管理看成一个整体，不论是 J. B. 杰克逊所研究的美国本土的园林景观，还是掌控于早期莫卧儿王朝手中的北印度近代早期的平原景观，都可从美学和经济学角度去观察和研究。[18]这种"景观史"经常被那些具有历史地理知识的学者所研究，起初，他们反对从建筑史和艺术史的角度去发掘"园林史"的根本问题。体现这种研究方法的一个活生生的例子是丹尼斯·科斯格罗夫（Denis Cosgrove）最近的著作《帕拉第奥式景观》（*The Palladian Landscape*），它揭示了这样一个道理，研究景观课题时，关于景观建设的一整套复杂流程的所有方面（比如帕拉第奥重塑威尼斯内陆，是应贵族客户的要求而做的）都应考虑进去，这些细节只有靠大量阅读才能掌握。[19]我很认同科斯格罗夫的研究方法，尽管我很清楚他所处理的材料类型并不适用于我所研究的中国园林及特定的中国历史时段。

这本书作为对已发表著作的一个回应，它面临着另一个挑战，与托马斯·基尔斯特德（Thomas Keirstead）那本令人振奋的书《中世纪日本的权力地图》（*Geography of Power in Medieval Japan*）所面临的挑战是一样的。在他的书中，他引入了不动产制度的概念（shoen），这项制度长久以来被认为是中世纪日本核心的经济制度，而且他也成功地把这项制度解释成一种"社会空间"，一种能够对资产拥有者和农民都赋予意义的文化系统。[20] 基尔斯特德正在孜孜不倦地研究这种本属于经济史家和社会史家研究领域的人造物，而我也正在研究只有艺术史家才感兴趣的领域。我相信基尔斯特德和我都在从不同的方向朝着一个共同的目标迈进，都在努力想搞明白既定系统的"最基本的可能条件"，而不是仅仅为一个先入为主的"不动产"或"园林"概念提供一个类型学的分析或描述，以便使得我们的研究论述显得不那么人云亦云，缺乏新意。

在我更早的一本名为《长物：早期现代中国的物质文化和社会状况》的书中，我写了一篇短文，阐述了我对"财产"这一概念所持的某种带有倾向性的态度，以及通过我们定义为"可移动奢侈品"的那些财产，分析出"财产"的初始意义。然而，我排除了前现代中国最重要的财产类型——土地。当前的研究工作需要重拾这一话题。与土地相关的财产性质问题当然远非未经调查研究就可以确定的。恰恰相反，中文、日文、英文和其他语言中存在着数量庞大的有关土地使用权、财产权以及租赁关系的文献，这些文献我承认完全在我所掌握的知识储备之外。同样存在大量的有关"山水"这一文化范畴的文献，集中体现在中国绘画的主要题材——山水画中。然而，经济史家和艺术史家一贯不太把对方的著作当回事。谈土地使用权的，很少关心这块土地的文字描述、样貌和地图形态，而明清绘画史同样很少注意所绘景观，不管是山峦、园林，还是水体，他们为谁所拥有，有无买卖和打赌输赢的事实。园林学之所以有趣，是因为它没有被限定于单一领域。它们不仅是昂贵的不动产，也是具有建筑学和美学意义的人工作品。他们处于几种中国学科的交叉地带，对阐释他们所跨越的交叉学科是很有用的。

因此我的研究从探讨苏州主城区的某些特定的中国园林开始。这种探讨可以有效地说明那些文献记载较少的私人园林的一些情况，比如它们在竣工之初是什么样子，当时的人如何评价，等等。我尽力既不把园林图景的再现看作我研究工作的主要部分，也不把它作为解释的主要对象，更不会像 T. J. 克拉克和约翰·巴瑞尔（John Barrell）等那些激进的"社会艺术史"学者那样把它当作批评的对象。[21] 我不希望把园林山水画当作探讨的对象，而把真正的园林降格为这些画的"背景"，而是希望把这些园林放在当时的情境中考察，不管这种情境是社会学的还是经济学的。我倾向于尽力开展一种开放性的调查研究。调查研究的结果可能前后矛盾，但这种矛盾恰好可以证明中国园林种种复杂表象的多元性。

一　盈萃之庭

明代中期的苏州

十五世纪下半叶的早期,一个名叫吴庸(1399—1475)的富有的纺织业商人在他的家乡苏州城内设计了他称之为"东庄"的宽阔庭院。中华帝国晚期的很长时间里,苏州这座位于上海之西的城市,是明帝国人口最多的非省会城市,到十六世纪人口达到了五十万,占地至少14.8平方公里。[1] 苏州是高档商品(丝绸最为重要)和高消费的代名词,消费者的主体是富裕而有文化的社会精英,而文人学士和退休官员所占比例尤高。

苏州绝非一直如此,它曾是蒙元(1279—1368)崩溃时期某一不成功的政权争夺者(指张士诚。——译按)的权力中心,而且这座城市在经历了十个月的围困后,于1367年10月遭受了一次洗劫。大批高门大姓被强制迁徙到帝国其他地方,而效忠于明朝开国皇帝朱元璋(1328—1398)的新贵们鸠占鹊巢,定居于此。苏州1440年经历过一次大水灾,1454年又经历了一次大饥荒。[2] 然而,到十五世纪末期,尤其是在弘治皇帝(1488—1505)统治时期,苏州稍稍恢复了昔日的繁荣。[3] 尽管都市生活有所恢复,1500年,苏州城内仍然存在大量肥沃的园艺土地,在当时中国的主要城市中,绝对算得上典型代表。[4] 但是整个十六世纪,苏州城内人口呈下降趋势,原因是社会精英们把东半部(行政上归长洲县管辖)留给纺织业工人作为安居之所,而举家迁到了西部(吴县)或苏州西北部连接苏州河与虎丘的运河沿岸的郊区。[5]

当吴庸设计他的园林时,他不会想到苏州将来要面对的诸多变迁。著名文人兼重臣李东阳(1447—1516;DMB877—881[6])所写的一段关于"东庄"的描述让我们身临其境地感受到了其中的主要景致:

苏之地多水，葑门之内吴翁之东庄在焉。菱濠汇其东，西溪带其西，两港旁达，皆可舟而至也。由凳桥而入则为稻畦，折而南为果林，又西为菜圃，又东为振衣台，又南西为折桂桥。由艇子浜而入则为麦丘，由荷花湾而入则为竹田。区分络贯，其广六十亩[7]。而作堂其中曰续古之堂，庵曰拙修之庵，轩曰耕息之轩。又作亭于桃花池，曰知乐之亭。亭成而庄之事始备，总名之曰东庄，因自号东庄翁。[8]

正如后文所揭示的，占地九英亩的东庄形成了一个典型的自给自足的田园经济模式。从建筑哲学上讲，东庄展现了简古和朴拙并重的造园思想。从管理职能上说，稻谷、蔬菜、水果、桑蚕等等供养一个典型封建家族的生活必需品，这里都能自产。此文进一步强调指出，这座园子不像很多本地其他的园林，虽历经一百多年的战乱和社会动荡，却始终为同一个家族所拥有，这是值得大书特书的。

"由元季逮于国初，邻之死徙者十八九，而吴庐岿然独存。"李东阳接着引述了一大段吴宽对他说过的话（1436—1504；DMB1487—1489），他称赞父亲"遵道畏法"、"保其业者"，语颇得意，因为大概用不了多久，他就会成为这座园子的主人了。李东阳关于东庄的散记写于1475年，也就是这一年，吴融死了，这园子也随即被分成了三等份分给他的三个儿子，吴宽排行老二。儿子们分家而不分开居住，这真的算得上一个绝好的例子了，对于像东庄这样扎眼的都市豪宅来说，并不是非此不可。李东阳欣赏这种把财产的连续性和宗族的连续性结合起来的做法，而这恰恰是本案例所采用的。

颇具讽刺意味的是，李东阳记述中所描写的情形并非完全是那么回事。从当时来看，虽然这座人口最多的城市整体上还是维系着自给自足的乡村生产方式，但城市也正开始失去自我供养的能力，因为城市内的农业产出已经不足，不得不依赖手工业生产（吴融的财富之源）来养活其巨大的人口。丝织业和其他城市手工业产生的利润可以用来购买远路运来的谷物，这样，苏州首次出现"依赖市场远甚于依赖土地"的情形，这样，自然就从生产环节中解放出来了，"这就使得把自然当作审美对象成为可能"[9]。

东庄不是一所真正的乡村宅院，而是往来苏州的文人墨客必游的景点，苏州作为文化生产中心和奢侈品消费中心又为它蒙上了一层神秘色彩。与吴宽交游的著名士人因为仰慕其父的道德学问，写了很多吟咏东庄的诗，这也提升了东庄的名气。

我所引用的李东阳所著文献属于地方志，里面记载着某一特定地区有关行政区划、著名景点、名物特产和重要人物的大量信息。1506年编纂出版的《姑苏志》就是我们要探讨的一本重要志书。它最初由吴宽编撰（吴宽与上层官僚的结交更让东庄享誉一时），1504年吴宽死后，由名头更大的苏州士人王鏊（1450—1524）续编并付梓。因此东庄获得了此书额外的关注是一点都不奇怪的，让它位列此书第三十二章末尾的"园池"部分，似乎就有特意抬高之嫌。这样的文本不过是为了有意凸显特定家族势力和家族关系网，以使自己在城市社会中处于强势地位而写，对研究明代苏州而言并不是完全可靠的原始资料。有的本地园林并未在此书中被提及[10]，一些涉及重要文化名人的园林也没有列入。苏州地区的"园池"建造传统源远流长，而此书把东庄视为园林极品的做法颇值得商榷。东庄之名，起源甚早，早在公元四世纪，本地权贵，也就是广陵王元璙的儿子就曾建造过同名的园林（此广陵王元璙当属五代十国时之后晋。——译按）。

依《姑苏志》的记载，吴庸建造这一都市园林的行为在当时被认为是一件很新奇的事情。一般的西方二手文献都把建造园林视为"传统中国"的恒常做法，但当时的文献记载给人这样一种明确的感受，那就是园林的兴衰有内在的节奏和周期性的规律，有的时候造得少，有的时候造得多。尤其是十二世纪和十五世纪中叶之间，苏州地区大兴土木，建造了很多都市园林。《姑苏志》的"园池"一章列举了52处，时间跨度从东晋朝（317—420）到吴庸的东庄。每一个景点都引述了数量不等的散文和韵文，使我们能够对那些园林在明代中期依然享有的名气大小有个粗略的认识（提醒一下，这名气有可能是名人本人带来的，也有可能就是园林自身带来的）。[11]该书首先介绍了十一和十二世纪的有名园林，但它们的名气与随后两百五十年所建造的园林是不可比的。

据该书介绍，宋代名园"乐圃"在1426—1435年间由苏州名流杜琼部分重建。杜琼的父亲，就是当年被朱元璋强制迁徙的受害者之一。这座园林坐落在更古老的园林——钱氏"金谷园"的基址之上，由宋代的朱长文（1039—1098

设计并命名。[12] 然而，苏州辖区内从明代开国到志书出版之时，仅仅只有四座完整的新园林收录在本书中：

> 夏家园在昆山，太常卿夏昶（1388—1470）致仕游乐之地。小洞庭刘金（1410—1472；MRZJ836）宪廷美自山西致政归，即祁门外旧宅累石为山，号"小洞庭"，有十景，曰"捻须亭"、"藕花洲"等，名天全徐武功伯（1407—1472）为之序。

> "思庵"郊居在常熟郭门外，都宪吴公所刱，周文襄公巡抚时有诗。

第四个也是最后一个，就是位于苏州城内的东庄。其他三个一个在苏州郊区，另两个分别位于苏州府辖县——昆山的城内和城外。相关志书和文学作品总共提到了与十五世纪的苏州园林文化有关的十二个人物，他们或是所有者或是咏赞者。

这个群体最突出的特点是他们是盘根错节的官僚小集团。十二个之中的八个都曾在翰林院或者监察院担任过显赫的官职。而且，十二个中的八个（不是同样的八人）都是有名的书法家和画家：如夏昶、杜琼、徐友珍、刘杰、沈周、吴宽、刘大夏和李东阳。其中一些人比如夏昶和吴宽，集高官与名艺术家于一身。1976 年出版的《明代名人大辞典》，是本入选标准很严格的工具书，这个官僚集团的很多成员都能在这本辞典中占有一席之地，这充分说明这些人因为其重要的政治、经济和文化地位而接近于社会的最上层。

让我们举例说明这个集团成员之间颇为复杂的人际关系网。"乐圃"的重修者杜琼，是吴宽和沈周的老师。吴宽不仅扩大了自家东庄的名声，而且通过编撰地方志为东庄贴上了园林范本的标签；沈周（1427—1509；DMB1173—1177）是吴家的近亲，既是一位富有的大地主，也是著名艺术家，东庄因多次出现在他的诗与画中而流芳百世。吴宽和沈周又先后担任过作家兼艺术家文徵明（1470—1559；DMB1471—1474）的老师，他在我的行文中是一位反复出现的重要人物。文家跟上文提及的那些园林主人[13]都有世交。文徵明的祖父文洪致仕的场景，曾被绘制在一张手卷上，这张手卷上有李东阳和吴宽的题跋。[14] 文徵明写于 1509 年的《游吴氏东庄题赠嗣业》那首诗[15]不仅印证了东庄的持续存在,也说明了咏赞祖产这一类主题一度盛行。

这一类的文献资料清晰地表明,这十二个人的园林观念都在一定程度上体现了"新奇"这一美学元素。志书记载了高官刘大夏所作的一首咏赞东庄的诗,其中一联的意思是"苏州园林曾媲美洛阳园林,过去百年值得一看的唯有东庄"(原文为"吴下园林赛洛阳,百年今独见东庄")。这个看法说明在十五世纪末的苏州,一些新的、别具一格的园林观念正在产生。这一点,在一位苏州文人(陆容,译者注)写于1494年的一段批评里得到了印证(见《菽园杂记》,译者注)(尽管此人对时辈颇多不满,但他仍不失为苏州精英文化圈的一员):

> 江南名郡,苏杭并称。然苏城及各县富家,多有亭馆花木之胜,今杭城无之。是杭俗之俭朴,愈于苏也。[16]

关于东庄的描述,其在修辞上的差距是显而易见的。东庄所拥有的稻田、桑园和果园菜圃,虽然因寄托着士大夫归隐田园的理想而显得高贵,但仍不过是普通农庄的组成部分。这显然与咏赞祖产的溢美之词不大搭调,更与上文所引的"亭馆花木之胜"以至于违背了节俭这一核心价值观的批评之声相距甚远。唯一的解释是,在明代的中国,土地作为社会秩序的最理想、最可靠的基石和稳定器,一旦作为畸形的奢侈消费品出现,就会成为影响社会稳定的不安定因素,这一点,正是本书的重要主题之一。如果仔细研究1500年至1600年这一百年的园林现象,我们就有理由说,这一时期"园"的概念发生了很大的变化。这种特殊的人造物已经逐渐失去了生产资料、自然增长和天然孳息等与土地所有权相联系的正常内涵,而只是作为不正常的过度奢侈的消费品而存在。

尽管到现在为止我一直把关注的焦点放在苏州中心城区,但中国园林在十六世纪的这些变化在明朝帝国其他地方也能发现一些蛛丝马迹。正如窦德士(John Dardess)向我们展示的,同一时期即如江西泰和这样的小县城,乡绅们也把他们对土地的兴趣由生产转移到了消费上。[17] 尽管泰和县不以园林著称,但它的园艺业很发达,小到形形色色的菜圃,大到商业性的园艺集市,应有尽有。十五世纪的社会精英们还习惯于从事一点园艺活动,比如种庄稼、砍柴、捕鱼。对泰和的精英阶层来说,"园"这个词仍然保持着它作为生产场地的原始本义,

一 盈萃之庭

其实对明帝国时代的大多数中国人来说,"园"的概念一直是这样的。

从以上论述可以看出,东庄实际上属于"园"这个范畴,英文一般翻译成"garden"。需要特别说明的是,之所以被翻译成"garden",是因为东庄所包含的丰富内容,确切地说,是因为它的光彩和魅力,正如《姑苏志》"园池"一章所描述的那样。园池也曾被翻译成"果园和水池",这同样也是恰当的。园艺的美学内涵与经济内涵的完全分离还是近期的事,这就使得我们在描述为众多论述所关注的那些景点时,选择合适的词句变得尤为困难。我认为应该继续反对为"明代园林"这个词提供一个具体的定义,面对这样一个复杂多元的园林现象,我们应该避免那种所谓的寻找本质的研究方法。对我而言,我主张努力去设计一些方法来呈现"园"这个范畴在明代社会分类体系中所处的位置,同时承认这些分类体系是有意义的尝试,而且是容许别人质疑和反对的。

拙政园

东庄的微型稻田和菜圃与典型中国园林的惯常版式并不一致,典型的中国园林一般是高度美学化的由假山和楼阁构成的封闭空间。然而,东庄的景物设置却是在模仿农业生产,这种做法在十五世纪初的苏州并不鲜见。分析苏州城内极为著名的拙政园的景物元素,就可以清楚地看到这一点。[18]

今天的苏州城是中国最重要的旅游区,苏州园林更是游人必看的主要景点之一。一本关于"中国的古代园林艺术"的概览著作中是这样描述这座最著名的园林的:

> 传统苏州园林的代表——拙政园在娄门内东北街,明嘉靖御史王献臣始建。园名取自晋潘岳《闲居赋》中的语意。后屡易园主,多次改建。[19]

如果我们研读这种平淡的导游用语背后的含义,我们就会发现事情远比想象的复杂。王献臣,尽管其生卒年不详,关于他的资料还是很多的。他生于吴县,其早年经历在官修史书《明史·王献臣传》[20]以及文徵明所写的两篇文献中都有记载。其中一篇是文徵明撰写的王献臣之父王晋的墓志铭,他于1510年死于监察御史的任上(监察御史是监察机构中声望颇高其实级别较低的职位)。[21]王献臣先担任了行人司行人这一职位,随后被擢拔为巡察御史。1490年,因为擅自干预前线军务,被杖责三十,贬为福建省上杭县的县丞。当他路过故乡苏州时,当地的文化精英热情款待了他,并为他写了很多赠诗来安慰他。这些诗后来结集出版,序言由不到二十一周岁的文徵明所撰写,这是他第一次在文坛崭露头角。[22]我们还不清楚文徵明与王献臣这一老一少、一官一民的两个人到底是什么关系,曾有人说文徵明帮助王献臣设计了拙政园。我们现在唯一能确切推知的是王献臣至少年长文徵明十岁。[23]

王献臣于1493年进士及第,后在省级官衙任职,不到十年即重新调任御史一职,文徵明1503年的一首诗称呼他为"御史"可证(此处似为作者理解失误,古代尊称某人,往往以其担任过的最高官职称呼之。——译按)。[24]他的第二个职业是1504年担任的"言官",但不久因受"张廷祥事件"牵连而再次入狱,这件牵连颇广的事件在他的传记中有所记载。这一错综复杂的事件中,当事双方几经较量,直接导致了文官集团与世袭军功集团和宦官掌控的东厂的对立。事件的起因是一个部落集团无端遭到明朝军队的攻击,而攻击者反被明军中的另一个势力集团所杀。王献臣因此被贬为广东省的一个驿丞。1506年,经正德皇帝批准,他升任浙江省永嘉县知县。这一职位又让他与文家多了一层联系,因为文徵明的父亲文林此前八年(1499)死于温州知府任上(永嘉县是温州的一个属县)。1508年还在永嘉知县任上时,文徵明为他写了一首赠诗。[25]1510年,王献臣父丧丁忧,标准的丁忧期限是25个月,然而王献臣好像正是在这个节点上辞官归乡,选择了衣食无忧、闲云野鹤般的隐居生活。[26]守丧和归隐这两个目的共同促成了拙政园的诞生。

拙政园位于废弃的大宏寺的旧址上。据1506年的志书记载,大宏寺于朱元璋征服苏州时被焚毁,在志书编撰之时,还是一片瓦砾之地。[27]拙政园开建的确切日期现在已不得而知。现代园林史专家刘敦桢认为在1509—1513年之间,证据有二,一是1539年王献臣说过"精心营构几三十年"这样的话;二是文徵明1533年曾提到"二十年前"作为王献臣致仕的时间。[28]尽管直到1517年文徵明才在诗作中明确采用"拙政园"这个名称,但其实早在1514年,王献臣就已经拥有了这个园子，因为这是文徵明当年所作的一首诗的主题。[29] 这是我们今天能看到的证明拙政园以此为名存在的最早的直接证据。王献臣和文徵明，正如文徵明的诗所反映的那样，在未来十年左右的时间里一直保持着稳定的关系，比如1515年的一首诗暗示了园子开建的时间，1518年的一首诗提到了王献臣赠给他竹子，1519年的一首诗记录了游览拙政园主体建筑梦隐园的情形 [30]。这期间有一段空白期（即1523—1527年文徵明离开苏州这段时间），文徵明1527年回苏州后写了一首诗，记述了他同王献臣同游虎丘的情景。1529年也写了一首诗，首句是"高士名园万竹中"。[31] 接着文徵明又主持了王献臣之子的加冠礼，此项活动并非免费客串，他应该从这项服务中获得了酬劳。[32] 文徵明1533年制作了一本画册，里面包含一篇幅很长的介绍拙政园的散文游记《王氏拙政园记》，以及描摹拙政园景点的31幅配诗画作《拙政园图咏》（插图1—5）[33]。文徵明的这部画册奠定了拙政园在中国文化史中的地位。文徵明于1551年制作了第二本拙政园画册，共有八页，与第一本相比，景点不同，但配诗相同（插图6—11）[34]。除此之外，还有不少尚存的和已佚失但著录过的手卷也反映了这座园子的特征，这些画作都出自文徵明的手笔。[35]

刘敦桢追溯了拙政园在之后几个世纪的复杂变迁史。[36] 关于拙政园千头万绪的历史，有几点需要注意一下。这个园子并没有像巴黎的沙特尔天主教堂挺过漫长的中世纪一样挺过明代。我们今天看到的古树林木也不是近五个世纪之前的那些原生植物。[37] 拙政园的边界在本世纪也不是一成不变的，更遑论在五百多年的漫长岁月中。我们今天看到的建筑物也不是什么了不得的古建筑。更让人惊讶的是，那些出现在文徵明1533年所作的画册中的景物只有很少的一部分流传了下来。今天的拙政园矗立着32处亭台楼阁以及其他建筑 [38]，其中只有4处与文徵明所列的31处景点一致。[39] 从某种意义上说，拙政园并不是独一无二、不可替代的物质存在，当今中国现存的任一历史名园都可以如法炮制。苏州"狮子林"的景点名称就与历史文献所记载的不尽相同。[40]

现代的研究者，尤其是刘敦桢，早就注意到了拙政园几经易主，且从古至今在外观上经历了无数变化这些情形。比如刘氏曾指出拙政园起初非常自然和开放，那些让人印象深刻的人造假山在当初并不存在，建筑也要少得多。[41] 他

[图1] 文徵明,《繁香坞》

图1至图5选自《拙政园图册》,1533年版,纸本水墨。

一 盈萃之庭

[图2] 文徵明,《意远台》

[图3] 文徵明,《钓渚》

[图4] 文徵明,《来禽囿》

[图5] 文徵明,《槐幄》

的研究结论很谦逊:中央三区的岩石和水塘始建于清代初期,即拙政园建成后的一百五十多年之后。西部三区仍然是十九世纪晚期的布局,而东部三区是在被完全毁于1949年之后,按照现代景观风格重建的,开阔的草地和茶室是为了方便大批游客的参观需要。即使这样说也有点太乐观了。刘氏的看法有这样一种意味(当然,这一点在其他二次文献中表现得更为强烈),即无论历史如何变迁,核心本质这一层面始终是一脉相承的。尽管在布局、植被、名称、所有权方面不断地发生变化,那种园林精魂却始终挥之不去。对拙政园而言,这种精魂才是它作为民居或者将军府(十八、十九世纪曾作此用)这一外表掩盖之下的真实存在。在那本关于中国园林炙手可热的现代英文著作的作者看来,拙政园是"另一个可追溯到明代早期的苏州园林……"[42] 这种表述之所以可能,是因为从未有人对中国园林的"本质"提出过质疑和挑战,因为这一"本质"的文献基础是历代不断涌现的虚无缥缈的华辞丽藻,而不是植被荣枯之类的实实在在的客观记录。为什么人们把拙政园看作是一个稳定的存在,而不是一个被屡次重建的东西?中国园林从十六世纪(或远早于十六世纪)到今天,其在表现方式、深层的美学理念以及社会角色等方面确实并没有发生实质性变化。如果对这一事实缺乏了解,上述疑问就是可笑的。

如果拙政园的名气不是来源于景致自身的不朽魅力,那拙政园何以成为"江南古典园林的代表作品"[43]?这种名气究竟从何而来?对钱泳(1759—1844)这位十九世纪早期的敏感作家而言,景致自身的魅力是不重要的。他的解释建立在社会学分析而不是美学分析之上的:

> 我反而认为一座园林的兴衰取决于它的所有者的名声。如果这个人是被人铭记的,那么他所曾拥有的园林也一定能重兴。如果这个人不被人铭记,即使兴于一时,最终亦难免一衰。笔墨文章因为不朽,其生命长度远胜于园林本身。现在当我研读文徵明的诗画题跋时,我仿佛看到了亭台楼阁之丽、花草树木之荣,在几百年的历史长河中,兴衰更迭,存废交替,犹如过眼云烟,历历在前,使人目眩神迷。[44]

然而,绝大多数拙政园不同部分之拥有者的身份和事迹,清代的传记文学

[图6] 文徵明,《繁香坞》

图6—11出自《拙政园图册》,1551年版,纸本水墨。纽约大都会艺术博物馆

一 盈萃之庭 23

[图 7] 文徵明,《小沧浪》

[图 8] 文徵明,《湘筠坞》

[图9] 文徵明,《槐雨亭》

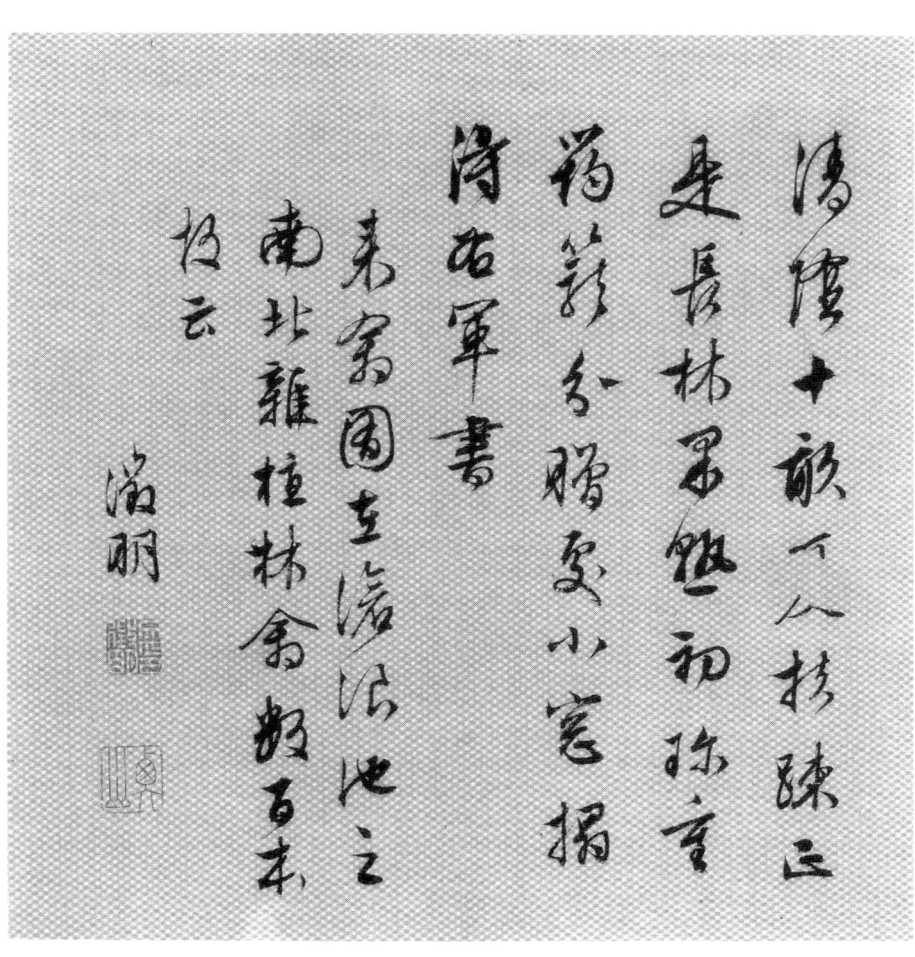

[图10，11] 文徵明，《来禽囿》及题跋

资料是付之阙如的[45]，或许是因为他们不是有名的作家或者画家，也不是政坛要人。尽管钱泳对王献臣这位著名的园林拥有者的人格颇为崇敬，但在这个特殊的案例中，拙政园的名声由更为著名的文徵明所成就，这一点其实更为钱泳所推崇。现在这座园林竟成了描绘它早期面貌的艺术作品的附属物。从这个意义上说，是艺术作品成就了拙政园，而不是相反。之所以会这样，是因为这些艺术作品是文徵明记录和描绘的。而在清朝钱泳那个时代，文徵明可是不容置喙的学者文人的理想典范。

果实累累的园林

　　作为园林范本，难免要对拙政园的纯美学内涵作些探讨，但我们可以试着绕开这种常规做法。我们要做的，就是不要过多地考虑拙政园与专门描摹它的那些绘画的联系。想真正弄明白情况的复杂性，想真正以一种原汁原味的方式解读拙政园，就需要严格排除那些有关中国园林史的最时髦观念的干扰，以一种简捷而单纯的方式解读出文徵明1533年所作的《王氏拙政园记》中所反映的农艺学观念。让我们假装从来没有听说过与中国园林相关的任何美学概念，这样我们就能够把相关文本中的农艺学内容理解成中性的描述，而不是通常所理解的那种具有美学意味的描述。[46]在明代知识商品化的时代背景下，这种农艺学技艺在十六世纪中叶之后得到了尤为明显的发展。[47]虽说这种纯农艺学的研究视角并不一定是正确理解"中国园林"的恰当方法，但如果在论及中国园林时不是非得采用美学中心主义的论述方法的话，对精雕细琢的文学文本采用一种还原性的、甚至是粗线条的解读不失为一种好方法。

　　文徵明有没有告诉我们1533年的拙政园里面栽种着什么植物？他的"记"中依次提到过以下植物：莲花、竹林、柳树、橘树、松树、刺柏、桃树、槐树、榆树、榆叶梅、牡丹、芍药、丹桂、山楂、紫尧、苹果、月季、李子、柏树、菖蒲、水蜡树、芭蕉、芙蓉。当然，简单罗列这些植物不可能让游人产生身临其境的观感。幸运的是，他的"记"记载了一部分可以估摸出数量的植物种类。园中有竹林六处，松树"数植"，而槐、柏、榆则"不可胜计"。此外还有几十株橘树，盛开时如"彤云"的桃林。我们知道只有一棵李树（prunus domestica），它是特意从气候更适宜它生长的北京移种而来的。梅（prunus mume）林的数量据文徵明的"记"达到了"百株"，而据相关诗咏的记载则达到了"几百株"。[48]苹果林的数量也有几百株，占地面积据诗咏记载达到了10亩之多。假定几百株梅林与几百株苹果林的占地相同（即10亩），这就是20亩，接近3英亩。这个数目不论是对于最初只有62亩的拙政园（据刘敦桢），还是对于现在的拙政园，占比已经相当高了，更别忘了池塘还占了园地的三分之一。即使把明代亩和现代亩的不同考虑进去，1533年的拙政园只梅林和苹果林就占了整个园林的一半面积。其他树木，尤其是果树在剩下的一半面积中肯定还有，而且还是主要景观，因为那些更具装饰效果的灌木大部分集中在"繁香坞"（插图1，6），如芍药和牡丹、黄桂、山楂和紫荛。[49]这与当今中国现存的任何园林在视觉上都很不相同。

让我们更详细地研究水果，尤其是拙政园中的果树在苏州商品世界中所扮演的角色。至迟到明代，中国所有主要的城市甚至县城都被园艺区所环绕。[50]就整个江南地区的土地面积而言，果树的数量不会很大，但这一地区土地肥沃，气候温和，相当小一块土地的产出就能满足家用。——王祯的《农书》是十四世纪的农业专著，其园艺部分是这样开始的：

> 圃田，种蔬果之田也。《周礼》："以场圃任园地。"注曰："圃，树果蓏之属，其田缭以垣墙，或限以篱堑。负郭之间，但得十亩，足赡数口。若稍远城市，可倍添田数，至半顷而止。"[51]

从上述引文可以看出，江南人所拥有的平均土地面积自身并不是很大，大型不动产在当时的江南确实并不多见。明代晚期嘉兴有位小地主出身的农学家，他认为10亩地是一名最能干的农民所能独立管理的极限。而清初一位致仕的贵人曾夸口20亩地足以养活十口之家，且能生活得相当舒适。[52]欧洲和北美的气候和地力使人们相信，农业财富的收获与"宽英亩"（broad acres）的观念不可分割，土地越多，收获越多。与此相反，不少其他历史文献却认为技术的投入比土地的数量更为重要。在这一方面，十六世纪的中国不像同时代的欧洲，而更像十六世纪的墨西哥。在墨西哥，据测算一个人只能耕种0.5—0.75公顷像奇南帕湖畔那样高度肥沃的土地，而一公顷这样的土地才足以养活15—20人。[53] 土地上的财富依赖于数量的概念并不总是适用于一种情况，在这种情况下，熟练劳动力投入到非常活跃的土壤可能是一个更具有决定性的因素。从这个角度看，王献臣的62亩园林，因大部分是果园，所以就变成了丰饶的经济资源。以当时的标准衡量，它够大了，里面栽种的各种经济作物也适销对路，利润可观。柑橘的盈利能力更是有口皆碑，而王献臣拥有"数十"株。它们在战国时期（公元前475—前221年）就实现了商业化种植，"木奴"一词就起源于那时。[54] 到了宋代（960—1279），太湖地区是橘子产业的中心，橘子从那里广泛出口到全国各地（不像苹果，橘子即使经过相当长距离的运输也能保持品质）。[55]

最大的两块树林被我翻译为"苹果"林和"榆叶梅"林。在汉语里，前者称为"来檎"或者"林檎"，意指把禽鸟吸引来了。这是一种果形小，又酸又甜的苹果类型。据汉赋记载，在当时的皇家苑囿里就出现了它的身影。又据一位现代学者考证，"来檎"就是在中国北方地区被制成糖葫芦出售的"沙果"（插图12）。[56] 它们不能从树上摘下来就生吃，需要经过进一步的加工处理（这大概能够提升它们的市场价值）。根据十七世纪早期的《农政全书》，"来檎"花为红色，开于二月份，果实成熟于六月或七月。这种果实往往被晒干并磨制成"来檎粉"，制成的食物与西藏的糌粑很相似。它们也可以蜜渍，与酒一起食用味道尤佳。用醋和明矾浸泡后，可保持他们的原色。[57]

"榆叶梅"（prunus mume Sieb. et Zucc.）的用途更广（插图13）。这里需要说明一下，中国人对这种梅花由来已久的偏爱，使人们忽略了这样一个事实：它是结果子的。毋庸置疑，这种象征着美好的梅花（植物学上更接近于杏而非杏梅）在中国诗歌、绘画以及奢侈品的装饰中无处不在。这种用途在近期出版的《玉骨冰魂：中国艺术中的梅花》中得到了极好的展现。[58] 我们知道，早在宋代，榆叶梅花就是一种经济作物，小贩们精心培育以使它们尽早开花，然后挨家挨户去售卖。我们还知道西湖边由张曦培植的十亩树林（与王献臣的林子一样大）是南宋杭州的一个景点。现代著名的植物学家李慧琳在《梅花：植物学的名片》中十分肯定地告诉我们"其果实基本不能食用"。[59] 这给人们造成这样一种清晰的印象：栽种这种果实不能吃的梅林仅仅是为了美学欣赏。其实即便我们粗略地浏览一下农业文献，我们就会发现这样的论断是可疑的，因为梅果在明代人的日常饮食里是一种很重要的食材。当然，这种水果在其原始状态下是令人难以接受的，但它作为碳水化合物的调味品，以大米、小米的形式食用，已经存在了几千年。《农政全书》还记载了一些加工这种果实的特殊配方。这种果实成熟于五月（正好是文徵明描写拙政园的月份）。腌制的榆叶梅叫白梅，它也可以糖渍、风干、蜜渍，也可以用来制作酸梅汁，用水稀释后可作为清爽宜人的夏季饮料。最流行的加工方法之一是用糖和醋腌渍成"糖脆梅"。榆叶梅果也可以在半黄的时候摘下来熏制成"乌梅"。《农政全书》宣称这些都可入药，而不仅仅是食材。尽管区分这两者的不同在中国明代鲜有意义。[60] 早期对中国传统生活方式感兴趣的西方人往往都会对市场上有如此多的水果品种而议论纷纷。加斯帕·达·克鲁兹（Gaspar da Cruz）于1556年写道："另一种梅果我们没有，它两头尖，果核长而宽，他们用之做梅干。"[61] 直到今天，梅也没有完全从中国人的食谱中消失，如今在任何一家中国超市的调味品货架，往往就能发现腌制"酸梅"的踪迹。[62]

既然如此，又何以说榆叶梅果"基本不能吃"？一种可能的解释是，果基调味品对现代中国人的重要性远远不及当时尚未引进"新大陆"农作物的古代。这个引种过程是从花生开始的，最早的可靠记载出现于1538年[63]，而实际引种应该更早些。想象一下早餐喝小米粥或大米粥时没有盐渍的花生，或者一般中国菜中没有美洲的尖头辣椒，我们就会意识到，明代早期的食物一定严重依赖本土产的特色风味调料。需要特别指出的是，直到本世纪，日本对美洲的农作物都没有像样的引进，而"盐梅"（umeboshi）到今天还是餐桌上的一道主菜。因为对中国园林作纯美学化的解读已经形成了潮流和思维定势，遗忘了梅花可吃这一点也情有可原。只是，"盐梅"这种看起来不可思议的吃法，过去是存在过的。

为作更清楚的说明，让我们看看拙政园中其他植物的经济价值。光凭梅树不太可能对园主的财富造成多大的影响。不过，海棠通过各种加工工序后是能吃的，而桃树（盛开时"如彤云"）的果实从很早的古代以来就被用于制作一种奢侈的果醋。[64] 其他树木提供的食材我们也许无法马上跟厨房联系起来。当

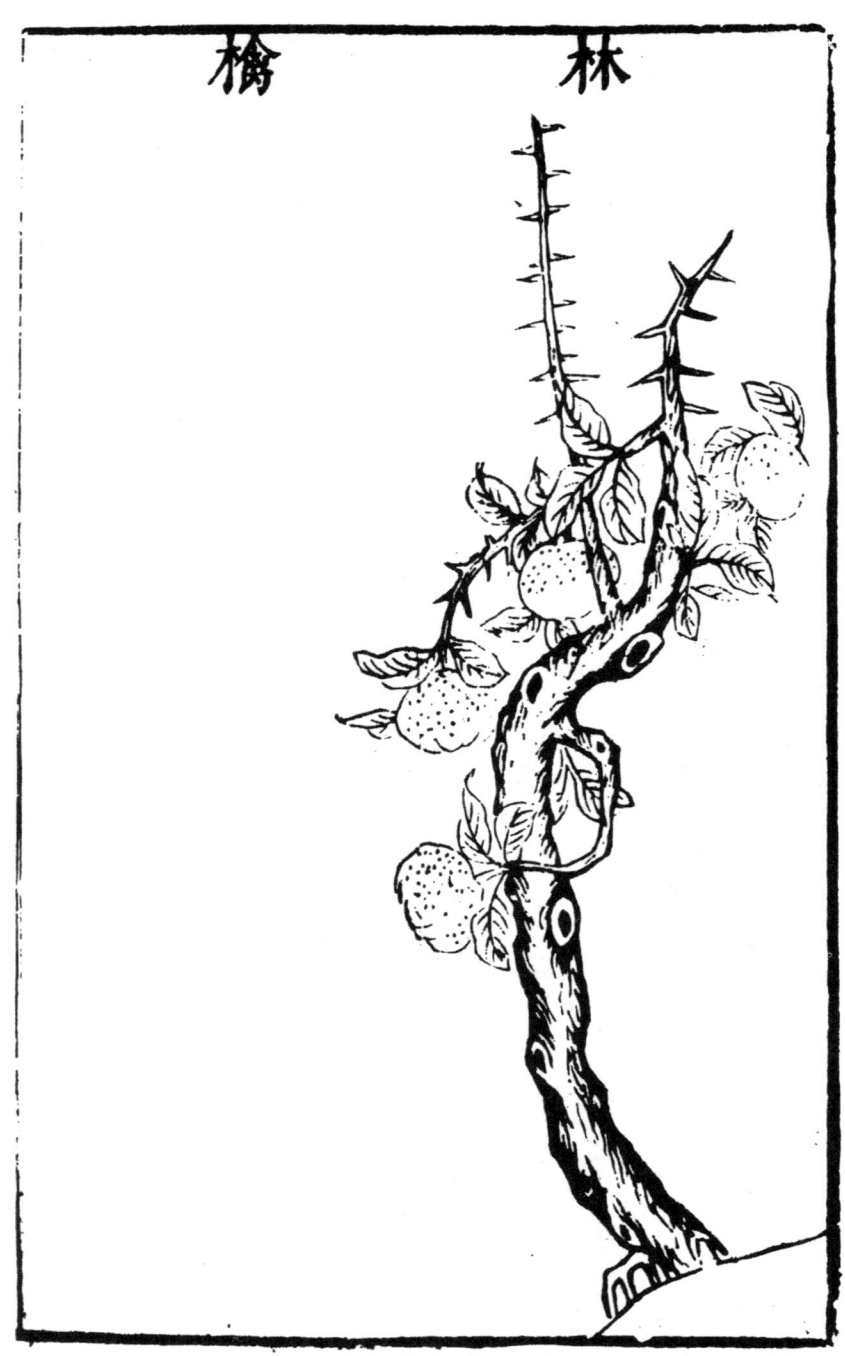

[图 12] 林檎，木版印刷，出自王圻所著的百科式图录类书《三才图绘》，1609 年版。

一　盈萃之庭

[图13] 梅，木版印刷，出自王圻《三才图绘》。

然，竹笋、松子也是明代的常用食材，榆树嫩芽也是，"榆树汁"还可用来治疗胸闷气短。槐树的嫩芽用热水煮掉苦味后，蘸着醋和姜末可作餐前的开胃菜，将其晒干后也可以泡药茶。同样的树种还有无数其他的经济用途，农艺学文献对此往往不惜笔墨，大书特书。农书里说榆树只适合居于城郊的人们栽种，这种质量上乘的树种生长周期却很短，仅仅十年就可成材出售。有句谚语说，孩子出生时栽植二十棵榆树，到他结婚时，卖榆木的钱足可支付成婚费用。而拙政园里的榆树多得不可胜数。松树，被大植物学家李时珍（1518—1593；DMB 859—865）评为"众树之冠"，尽管它材质不佳，但其树脂却被广泛用来制作香料。燃烧松木产生的松烟还是生产墨（插图14）的主要原料。拙政园里的松树也为数不少。柳木多用于建筑，跟榆木一样，《农政全书》也记载了柳树栽植的投资回报率。柏树和刺柏的种植也是为了商业目的，把它们的细枝砍下来出售，可用来编制花篮。最后，拙政园中的树木在苏州赖以成为富庶都市的纺织工业中也扮演着重要的角色。海棠花是生产染料的原料之一，而槐花（同样不可胜数）则是丝织品黄色染料的主要来源（插图15）。[65]

拙政园还有另一个地方也承担着一定的经济功能（至少有这种可能），那就是现在占园地总面积三分之一的水面，它对1533年的拙政园而言同样是不可或缺的重要组成部分。长久以来，养鱼卖钱一直被认为是一个能迅速致富的行当。《农政全书》的作者借用古谚说，"治生之法有五：水畜第一"，所谓水畜就是指渔。他记述了养鱼的投资回报率，还记载了很多养鱼智慧，其中一些非常古老。池塘的水不能太深，以免水温过低抑制鱼类的成长。其中一些格言乍一看是关于池塘设计的，其实是有实用目的的。比如池塘中心的小岛就是为了促进鱼儿运动、加快成长速度而设置的。池塘边缘种上莲花是为了阻止捕食性的水獭。[66]然而我们不能确定拙政园的池塘里肯定有鱼。文徵明的第十幅系列画及配诗都印着"垂钓台"一名（插图3），这幅画描绘了一高士手持钓竿，神情举止率意散漫，而诗的意思是"须知缗纶者，不是羡鱼人"[67]。这并不是说池塘里没有鱼，而是说这位心不在焉的钓者压根不在乎他是否钓到了鱼。当然这些都是题外话。如果对养鱼而言，重要的是定期抽干池塘，假如拙政园水源的水力学资料被掌握，这是非常有可能的，文徵明在《王氏拙政园记》中也曾提及这一点。如果池塘里确实有鱼，它就更加具有价值。我们推测里面有鱼，是因为拙政园

[图14] 松，木版印刷，出自王圻《三才图绘》。

[图 15] 槐,木版印刷,出自王圻《三才图绘》。

一 盈萃之庭

的池塘被围墙保护着。宋代的笔记文献记载了很多趣闻佚事，他们对重要财产的监控和保护竟然到了这种程度：在池塘边的茅屋里守夜以保护池塘里的鱼免遭盗猎。[68] 想必明代也是如此。

总之，从某种程度上说，拙政园是一处高墙环绕的商品生产空间。它是一个特殊类型的生产空间，这个称号并不是什么园子都能当之无愧的，因为这需要大量的初始投资。土地开垦，尤其是大型池塘的开掘和疏浚，都开销很大。[69] 同样地，各种树木的栽种也暗示着园主把大量资金投入到这个生产空间的意愿，而这种投入可能很多年都没有回报。然而，早在十六世纪六十年代张居正（1525—1582；DMB 53—61）进行税收改革之前，江南很多精英人士的投资兴趣已经从生产基本谷物的土地转移到了各种形式的商品生产。白馥兰（Francesca Bray）曾在一篇后宋时代的经济形势概论中指出：

> 通过成为地主赚不了大钱，倒是赚了大钱可以成为地主。投资土地是稳当且受人尊敬的，但贸易、借贷和糖类作物、水果或木材的商业化种植的利润要高得多。因此很多富有的家庭优先选择这类投资项目来赚钱。[70]

她引用了明代淳安县令海瑞的一项关于土地使用权的调查，这项调查认为明代早期和中期的财政税收制度对那些拥有登记在册的稻田的人不利，这反而激发了他们开发"边缘土地"的兴趣。[71] 周绍明（Joseph McDermott）也持相似的观点，他认为"沉重的土地赋税迫使地主士绅们把他们的钱投向非农产业"。[72] 看起来有点奇怪，这个位于江南最富庶城市中的、占地62亩的不动产怎么会跟"边缘土地"挂起钩来。但它确实是"边缘土地"，因为它不属于应税土地这一主体范畴。这一点尤其值得我们深思，苏州园林如此兴盛，是否可以在某种程度上归功于由于当时城市人口的缩减，园林内存在大量未开发或待开发的"边缘土地"？在这一方面，1500年前后的苏州很像同时代的罗马，那里也有大量被围墙环绕的园艺型生产空间。这些生产空间也被当成了美学欣赏的对象，比如作为实际生产场所的"葡萄园"在十五世纪就用下里巴人的 vigne 一词表示，到了十六世纪就被阳春白雪的 villeggiatura 一词取代了，后者喻指非生产性的、纯审美的那种生活方式。[73]

强调了这么多园林景观的生产性潜力,尽管我自感亦稍有夸大之嫌,但作为对中国园林研究中的美学中心主义的矫枉过正,也是有启发价值的。而且我这样做也是继承了现代欧洲早期学者的衣钵,他们也曾致力于从那些看起来宁静而精美的人造景观如"文艺复兴园林"、"英国景观园林"中分析出蕴含其中的纷繁复杂的美学、社会和经济关系"。克罗地亚·拉扎罗(Claudia Lazzaro)注意到,没有一座意大利的园林不生产食物,包括以葡萄和绿色蔬菜沙拉闻名的埃斯特庄园。事实上她那本大部头的关于意大利文艺复兴时期的园林专著,其资料绝大部分都来自于农业和不动产管理。[74] 罗伯特·威廉斯尤其关注有关十八世纪英国景观公园的那些交织着精神元素和经济元素的论述。他的研究表明没有理由把"园林"和"生产性农业用地"截然对立起来,而是认为:

> 支撑这些不动产的现实经济功能……提醒我们,园林史历来忽视研究它们赖以存在的经济基础,而更倾向于赏析那种田园牧歌式的美景。[75]

他特别提到十八世纪早期人们对植树造林越发感兴趣这一现象,并论述了其中的政治和商业成因。造林这一活动不仅仅是为了有目的地展示"美和智识"(过去一直这样认识),而更出于对木材资源即将被耗尽的恐惧,因为英国皇家海军乃至整个国家都非常依赖木材。私人林地从伊丽莎白女王时代就被看作是一项巨大的投资,这些林地是"被储存起来的资本,可在将来某一时刻砍伐变现"。威廉斯还提到了十八世纪在林中骑马大量减少的现象,他认为这一现象是为了保护英国贵族的狩猎场。鱼塘的情况也类似。严格的景观建筑理论家们不认可鱼塘的建筑地位,但那些生产性的鱼塘在英国始终是作为一项重要的装饰附件而存在的,至少在十九世纪早期之前是这样。[76]

拉扎罗和威廉斯的很多关于近代欧洲早期园林的经济分析观点(并未受到严重质疑)对中国学生是有启发意义的。我只想强调他们的一个观点,那就是园林不仅是一种经济资源,而且是一种可被储存以备将来不时之需的经济资源。现代学术界承认,明代中国相当缺乏经济资源的集中及自由转让机制,当个人或家庭需要时,购买或者转让这种资源并不能轻易实现。在其他地方我也讲过,至少在十六世纪,古董和艺术品的功能就在于此。一件青铜器或一幅卷轴画

（容易储存、保护和运输）因为可以短期内在艺术市场上变现（至少在大城市中如此）[77]，所以等同于大量的现金。储存金钱的其他方式主要是土地，但处置变现时可能会引起家族集团内部的纠纷，还有其他明显的缺点。而园林的局限就少得多。一座处于都市或城郊，位置优越，果树林立，木材丰盈，池鱼无数的园林，是一份可以变现的巨大财富。这就是拙政园的真实情况。

这种一反传统，用农艺学的观点解读王献臣的园林究竟有多少合理的成分？我这样做的理由有两点。第一点不太可考，这围绕着"园"这一范畴是否被排除在明代禁奢令的适用范围之外[78]，如果园林被纳入了这一法律的适用范围，那就过于宽泛了。事实上，这部禁奢令涵盖了一切物质消费领域，从衣物、寓所到家具和餐具，规定得特别具体。例如，洪武二十六年（1393年）的一部法令规定，普通人的房子不许超过三间，这部法令直到1447年才被废止。这部法令对"园林"只字未提。这意味着明代早期的法律只是把园林看作是与生产相联系的概念，而不是像银质餐具或是朱漆大门那样的奢侈性消费品。又是一个非常有意思的现象，豪华工艺品因为是消费品却不像稻田那样被征税，而像园林那样丰饶的生产空间却不适用禁奢令。

我把拙政园看作是广义上的经济组织的第二个理由更有据可依。它围绕着"拙政园"这一名称所暗含的文学意义而展开。在文徵明1533年写的题记中，他以王献臣的口吻说了以下的话：

> 昔潘岳氏仕宦不达，故筑室种树，灌园鬻蔬，曰："此亦拙者之为政也。"余自筮仕抵今，馀四十年，同时之人，或起家至八坐，登三事，而吾仅以一郡倅老退林下。其为政殆有拙于岳者，园所以识也。

潘岳这位三世纪的大人物是个最大的伪君子，一方面，他的诗文追求高洁闲雅，如他那篇《闲居赋》就给人这样的印象；而另一方面，他又毕生置身于宫廷政治的漩涡，"干没势权"。文徵明对王献臣把潘岳当作人格典范一事虽含糊其辞，不置可否，但对王献臣本人的道德品格却给予了高度评价，"而君甫及强仕，即解官家处，所谓筑室种树，灌园鬻蔬，逍遥自得，享闲居之乐者，二十年于此矣"。

从中国文学中捡拾那些常被征引的典故不难，难的是爬梳这些典故在漫长的岁月中是如何被使用的。有趣的是，潘岳的《闲居赋》确曾在鲜为人知的农艺学专著——十四世纪王祯（他也认可"园艺地块"比"普通地块"的年利润要高好几倍的说法）所著的《农书》中出现过。此书"圃田"一节如是写道：

> 至于养素之士，亦可托为隐所，日得供赡。又有宦游之家，若无别墅，就可栖身驻迹。如汉阴之独力灌畦，河阳之间居鬻蔬，亦何害于助道哉？[79]

第一个典故是《庄子·天地》中提到的"汉阴丈人"，讲的是这位老人拒绝使用"槔"这种机械去浇灌他的田园，以免为"机心"所污。而"河阳之人"这里指的是潘岳。因此我们得出结论，王献臣所征引的借以为其园林命名的典故是一个在农书里可查到的突出案例，此案例还特别提到了园艺活动可将盈利与"助道"融通无碍的文化优势。当然，我们不可能证明王献臣为拙政园所选之名受到了这本农艺学专著的直接影响。但是王祯的《农书》在明代已广为流传，这本书的出版史证明了这一点。最早的版本是1530年出版的，只比文徵明的《王氏拙政园记》早三年。这本书当时声名颇著，徐光启在其十七世纪早期所著的《农政全书》（插图16）中全文照抄了上文所引的这一段文字。[80]

该书对"拙政园"三字的意义诠释已接近极限，质疑这种诠释方法可能是错误的。这个名字自身有许多其他的内涵，大部分都围绕着"拙"（即不成功、笨拙、天真之义）而展开。它在某种意义上是明代的日常礼貌用语，是"我的"自谦之词[81]，也是绅士们的"字"或"号"中的常见字眼。然而"拙"也有道德层面的含义，意思是完全涤除了诡计和欺骗的"不做作"、"不狡猾"和"不复杂"。"拙"的反义词是"巧"（即灵巧、复杂、狡猾之义），蕴含着很暧昧的道德暗示。[82]如果拙政园改成"巧政园"就大煞风景了。稍有常识的人都知道，"守拙"一词总是与陶渊明（365—427）这个人联系在一起的。他是弃官归隐、躬耕自济的高人逸士的典范。早"拙政园"五十年左右的吴家"东庄"，有一个亭子名为"拙修"（Artless Cultivation）（儒家观念的 Cultivation 指"修身"，不是指耕种土地）。[83]

上述这种联想似乎不切正题，但是这种典故的使用从农学文献转移至蕴含着美学意义的园艺文献，是不足为奇的。二者的重叠在最早的文献中可以看

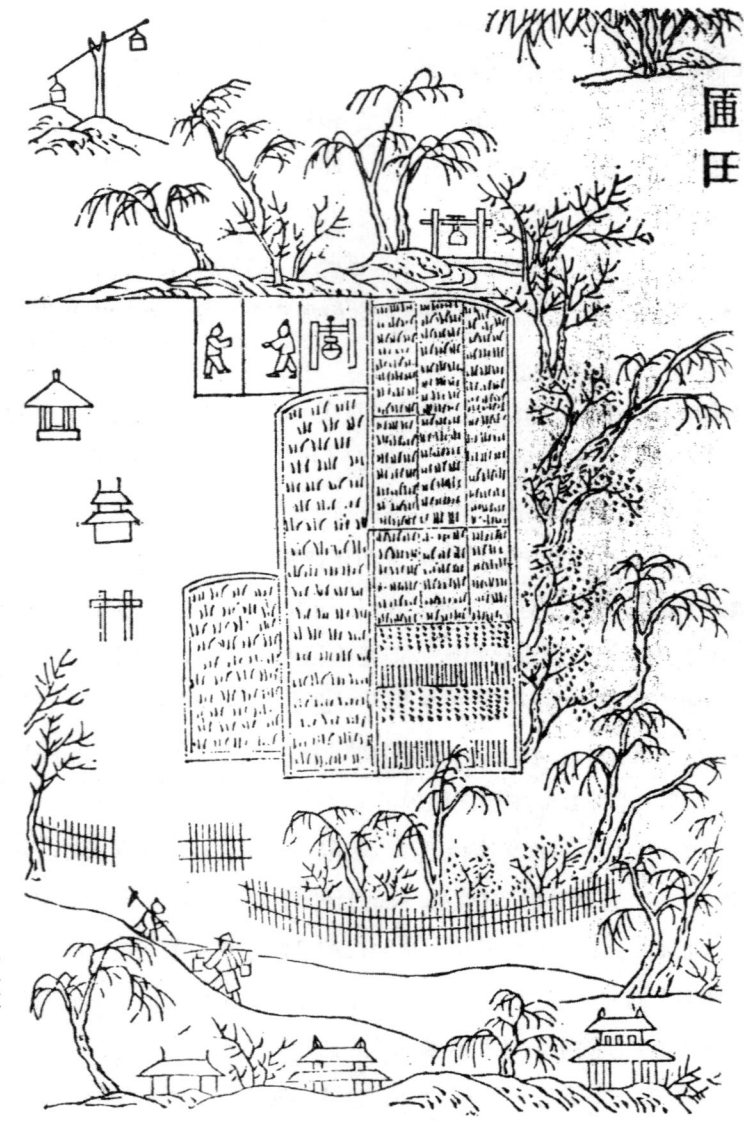

[插图16] 圃田，出自徐光启《农政全书》，1640 年版。

到，其中之一就是三世纪的重要人物石崇所作的《金谷诗序》。石氏与潘岳关系极为亲密，二人于公元 300 年在同一刑场被处决。公元 296 年金谷园文人宴集中所创作的诗赋，目前只有一首潘岳的诗存世，附有石崇的这首散文体诗序。[84] 石崇在诗序中着重描写了他的金谷园的田园风光（以卫礼贤 [Richard Wilhelm] 的译文为准），从中可以明显看出它的生产能力：

> 或高或下，有清泉茂林，众果、竹、柏、药草之属，莫不毕备。（原文中未出现良田十顷、绵羊二百头、鸡、猪、鹅、鸭之说。不知卫礼贤所据何本。——译按）又有水碓、鱼池、土窟，其为娱目欢心之物备矣。

绵羊和水碓能"娱目欢心"，这种看法与中国现代园林的观念大异其趣，但却与王献臣的欧洲时人再次吻合。欧洲园林此时也出现了农学观念与美学观念持续互渗的现象。在十五世纪的意大利，那不勒斯葡萄园（即后来更为著名的卡拉发庄园）以罗马农学家科鲁迈拉（Columella）和瓦罗（Varro）的语录装点门面。一百年之后，安德里亚·帕拉第奥在为威尼托区的富有客户设计庭院时，也从"神圣的农业"中汲取了设计灵感，纯装饰性的园林倒显得鲜有价值。[85] 拉尔夫·奥斯丁（Ralph Austen）于十七世纪所写《果园的怡情功能》这本专著，也充斥着将果树的愉悦作用和盈利能力结合起来的观念。[86]

人们还可以从一些诗作中找到这种主张将实用性和观赏性相结合的语句和主题，比如文徵明关于拙政园的诗作以及占据了王祯《农书》"圃田"一节一半篇幅的那首长诗。中国历史上那些影响深远的道德权威无不将农业生产视为"本"，认为它是传统社会的政治经济根本。这一点已被公认，本无须赘言，但我仍要强调一点，明代园林的文化力量也正是源自农业在儒家社会所处的介于利与义、经济基础与文化道德之间的这种中枢地位。这两方面作为一个整体不可割裂，离开任何一方理解另一方，都有断章取义、偏颇歪曲之弊，最终徒费脑力，劳而无功。我还想强调指出，营建作为纯粹奢侈消费品的园林，在十六世纪下半叶与十七世纪早期最为盛行，如果意识不到作为审美消费品的园林本质上仍然是以生产为核心，是不可能理解这一历史现象的。正如皮埃尔·布迪厄所证明的，差异性必然是与一种假象或某一实践活动最接近的那个事物属性的截然对抗,也因此更容易被误视为事物属性本身。如果我们接受这样一种看法,即作为昂贵不动产的明代园林一直被误视为财富生产地和再生产地,这倒为我们理解这种另类看法提供了一个新视角。用福柯的术语来说,这些园林必定成了一种"异托邦"(heterotopia)。

> 在一种正常运转的理想国度里,属于这一文化圈的一切真实地点,都同时进行着同一文化的展示、竞争和转化活动。即使能辨识它们在现实空间中的方位,但这已不重要,各个地方的文化内涵已趋统一。[87]

"拙政园"(orchard)成不了"异托邦"[88],而由文徵明诗画并茂地再现的"拙政园"(garden)却有这种危险倾向。

拙政园平衡经济收益和文化财富的最重要表现就是栽种果树这种经济作物。我已经指出过,果树具有很高的商品价值,栽种它们有利可图。果树同时具有观赏魅力,开句玩笑,与其他作物(如蔬菜和水稻)不同,明代果树尚不流行用人类粪便作底肥,即使施底肥也是在冬天,当时即使在江南地区,冬天人们也很少外出。[89]而水果还有其他许多历久弥新的象征意义:

> 蔬菜、水果不仅是中国人的主要食材,它们还象征着纯正和节制。它们不仅是那些吃不起肉的普通民众的食物,也为虔诚的佛教徒、身怀神术的道士、隐居乡间的文人学士所食。它们暗示着对世俗价值的否定。[90]

由宁王朱权(明太祖朱元璋的十七子,1378—1448;DMB 305—307)所著的《臞仙神隐书》是一本很珍贵的明代重要文献,它记述了朱权本人从农艺具体实践中获得哲学感悟和精神愉悦的隐士生活。这位贵族博学多才,对那些在今天的我们看来是精神层面(对明代人则不是)的东西以及多种技术学科,比如天文学、医药学、农学和药典学都有着广泛的兴趣。他还是一位诗人和剧作家,堪舆学家和炼金家,对道教和佛教也颇为崇信。这并没有妨碍他与一大批崇仰道教的精英学者和达官显贵交游酬酢,广结善缘。在他那个时代,道教远比之后为盛。他这本未标明日期的《神隐书》分为四章,一位现代文献学家评其为"为了所谓的'隐居修道'而投身日常琐屑事务"。"归田策"一章记录了一个有关栽种树木、花草、水果、蔬菜的日历表，大部分摘自元代的农学专著。[91] 正是这种将隐居与种植农作物（注意并不包括基本的谷类作物如稻米）结合在一起的强大传统，为我们理解拙政园的管理方式提供了一把钥匙。

这里不得不提到"清高"这个层位概念。尽管这个词没有任何实用价值，但它将人与自然界联系在一起，表示人或自然的纯真与崇高。《农政全书》引述了一段非常早的文献，将"绿萼梅"形容为"尤为清高"。[92] 明代园艺著作提及水果的目的，多是为了把它塑造成市场上难得一见的珍馐美馔。这些作品往往将水果与宗教祭祀相联系，还把它们当作精英社交圈互相馈赠的重要礼品。这套观念源自《周礼》"供祭祀，待宾客亲眷"的经典表述。[93] 让我们回到拙政园。文徵明《待霜亭》一诗的序言化用了王羲之（321—379）《奉橘帖》的内容。《奉橘帖》不仅是中国书法史上最著名的法帖杰作之一，而且也被公认为是体现上流社会互馈果品这一风俗观念的重要文献。文徵明为"来禽馆"（即那十亩苹果林）所配的诗（插图10）同样提到了这套观念：

清阴十亩夏扶疏，正是长林果熟初。
珍重筠笼分赠处，小窗拓得右军（即王羲之）书。

这种探讨水果的方式，很像是谈论明代的艺术作品，二者既游离于市场之外，又与市场有着若即若离的关系。有趣的是，水果在明代社交中的地位，与作为高贵礼品的淡水鱼在近代英国早期社交中的角色颇有相似之处。那时候英国人往往把淡水鱼与猎物的肉一起分发馈赠给亲朋好友，馈赠这种高级食物是有社会地位的象征，而礼物的市场价值倒在其次。[94] 说这些我不是为了证明王献臣是腌梅产业的巨头，事实上这座园林不大可能是他收入的主要来源。文徵明在介绍拙政园及其景点时，把各种相关的典故都加了进去。文徵明的散文诗序，提到了唐代拥有这片土地的诗人陆龟蒙，以及建造沧浪亭的宋代诗人苏舜钦（1008—1048），还提到唐代诗人杜甫（712—770）。他明确提到了这些人的政治生涯，提到了忠臣常常受到政敌蓄意构陷的官场陋习。诗序还提到了与北京这个帝国权力中心有关的掌故，比如从北京移植来的李子树以及北京香山的

"玉泉"。[95] 文徵明的散文诗序是这样介绍"玉泉"的：

> 京师香山有玉泉，君常勺而甘之，因号玉泉山人。及是得泉于园之巽隅，甘冽宜茗，不减玉泉，遂以为名，示不忘也。[96]

仅靠典故不足以解释拙政园的丰富内涵。同东庄一样，农艺著作涉及拙政园的地方难以计数，而且所记皆准确清晰，以至时人无人质疑。1500 年之时，"园"（不管是翻译成"garden"还是"orchard"）在人们的观念里不过是栽种东西的地方。相比源自贸易活动的利润概念，园内作物的自然生长是一种天然的甚至可说是神圣的利润形式。在同时代的欧洲，土地这种生产要素要比人力重要得多，"土地自身生产商品"这种观念根深蒂固，因而农户租种土地所缴纳的赋税，并不被当作他们作为有组织的社会生产者在利用土地基础上所创造出的价值的一部分，而是被视为天然果实，是"自然的恩赐"。[97] 随着岁月的流逝，这个问题严重到了人们只看到了园林的自然审美价值而忘记了为了获取利润而种植农作物这一简单事实的地步。正因如此，小到橘子树，大到整座园林，都为了迎合人们的偏见而不得不朝着更纯粹的审美路线走下去。

二　观赏性园林

皇家园林

如果确实存在如我在前文中所论证的在十五世纪末苏州出现了园林文化的复兴，它的建造者和评论者的观念又源自哪里？显然，苏州园林的辉煌历史留下了很多文字记载。尽管像沧浪亭这样的景点可能在明代中期仍是一片瓦砾，但对文徵明这样谙熟诗文记载的作家来说，仍然可以说是历历在目，甚至对它的地形地貌也是如数家珍。[1]然而也有目前仍然完整的园林样板，北京的皇家园林建筑群就是鲜活的例子。有这样一种假设，如果苏州园林与皇家园林之间在造园观念和景点布局上有所借鉴的话，那肯定是后者借鉴前者；总体上看，北京虽是首都，但以文化中心和品位之都来考量，北京的声望其实相当低。事实上可能并非如此。当然有十八世纪发生的借鉴是由南至北，当皇帝南巡回京，将某些江南景观在京城西北部的几处皇家公园中精心重建，这都是有案可查的。[2]十五世纪和十六世纪的借鉴可能正好相反。发生在十六世纪的可能情形是，人数虽少但声名显赫的苏州籍精英推动了京城皇家园林的复兴，他们对园林的建造、绘制和咏赞行为随即被江南地区所模仿，然后逐渐传遍整个帝国。

长期以来公园和园林都与统治者的居所相联系，并被视为后者的附属物。[3]"上林苑监"衙署由明太祖朱元璋于洪武年间（1368—1398）设立了，但同期被废，原因在于它损害了大众的财产或生计（"妨民业"）。[4]这个机构初设于第一个首都南京。苑监于1407年（迁都北京之前）重设，1425年作了一些裁减，估计此时衙署已迁至京城（尽管直到1441年才建成办公场所）。[5]苑监起初有十个部门，其中的六个分别负责大型牲畜（如牛、绵羊、山羊和猪）、禽类（如鹅、鸭和鸡）、鱼塘、稻米、蔬菜、水果和花（注意它们的联系）的饲养和管理。余下的四个负责监督和账目管理。上林苑监的生产活动在京城郊区的广阔苑囿中进行，从最初的部门设置可以看出，满足皇室对食材的巨大需求是苑监的主要职责。然而，它确实从一开始就意识到了审美功能对皇家苑囿的重要性，并做了相应的努力，这一点集中表现在宫殿建筑群西边的西苑上。[6] 西苑建于宣德时期（1426—1435），天顺年间（1457—1464）扩建。1460 年，其中的一个小亭子竣工（此事曾上奏皇帝），而大殿的重建发生在更晚的 1530 年。接下来的十年更是刮起了一阵扩建风：嘉靖皇帝把西苑当做举办道教斋醮科仪的场所，所以增添了新建筑。[7] 大部分建筑建在位于长条形湖泊中央的琼花岛，它南北走向，是西苑的主景。[8] 这些地方因加斯帕尔·达·克鲁兹（Gaspar da Cruz）的著作而为欧洲读者所知晓，虽然他从未亲眼见过这些景观，但想必是吸收了中国人的观念和看法：

> 大门以内，这位皇帝拥有着规模宏大的四合院，巨大的厨房、花园、果园，以及很多满蓄游鱼的鱼池。[9]

皇家园林是反映明代景观之美的重要参照。其中一篇重要的早期文献是李贤（1408—1467；DMB819—822）所作的《赐游西苑记》，里面详细记录了他担任吏部尚书兼华盖殿大学士期间（1464—1467）对西苑的一次游历，此时西苑刚进行完一次全面翻新。这次游览被视为皇帝的特殊恩宠和礼遇，值得精心为文以作永久纪念。相似的资料在一些明代高官如杨士奇（1365—1444；DMB1535—1538）和韩庸（1422—1468；DMB498—502）的文集中也可以找到。李贤的"记"列述了园内的景点，这种列述方式成为明代园林的标准描述样板，也为文徵明的《王氏拙政园记》所采用。依照李文的记述，西苑秀木成林，果树茂盛，间有少许建筑点缀其间。拙政园和其他苏州园林的一些景点也借鉴了李贤的命名方法。比如，李文将西苑东北角池塘的源头与"西山玉泉"相媲美，而"西山玉泉"之名在苏州园林中也出现过。[10] 西苑的几个亭子的名称也源自同一类典故，这些名称约五十年之后也出现在了南方的园林中。尽管是皇家奢华地，此时的亭子还用茅草作顶以营造一种乡村田园气息。麦地产出的麦子供祭祀之用，吴家东庄也是如此，二者之间应有一定的联系。[11] 西苑还有一些独特的景观，比如防备鸟和野兽的网子和栅栏。

同样身居高位、恩宠甚渥的苏州籍高官王鏊是李贤的朋友，苏州园林对皇家园林的借鉴和效法与此人关系甚大。尽管我们并没有在其1506年编纂的《姑苏志》中发现他的园林资料，但毋庸置疑，他在太湖地区拥有几处最著名的园林。他的"西园"（与皇家的"西苑"音同而字异）在夏家湖，而他更为奢华的"真适园"位于城西洞庭东山，太湖之畔一座风景秀丽的山地（以盛产橘子闻名）。[12] 其弟也在此地建屋造园，与其毗邻而居。兄弟俩的这两处园林都被他们延请的文徵明写诗颂扬过。"真适园"是文徵明1511年所创作一组诗的主题，题目是《柱国王先生真适园十六咏》。[13] 这些诗记录了这座园子的个别景观，其中一些在名称上与他后来咏赞的拙政园的景观很接近。比如真适园有"芙蓉岸"和"来禽囿"，拙政园有"芙蓉榭"和"来禽囿"。名称可能只是巧合，并非特意参照模仿。接下来的1512年，文徵明写了一首诗（《侍守溪先生西园游集》），记录了他参加王鏊在西园举行的一次郊游和宴会的情景。[14]

除文学咏赞外，王鏊可能还委托过苏州画家唐寅（1470—1524；DMB1256—1259）为他的园林作画以资纪念。唐寅与文徵明同时，二人都与王鏊这位如今致仕还乡的显贵过从甚密。尽管原始资料湮灭无存，但葛兰佩（Anne de Coursey Clapp）还是把两幅唐寅的作品鉴定为王鏊"真适园"的写生作品。[15]

在十六世纪早期，低级京官进入皇家园林游览似乎变得更容易了。在担任翰林院待诏期间，文徵明于1525年不止一次游览过这些园林。他的文集中收录了标题分别为《游西苑》、《秋日再经西苑》的两首诗，还有一套附有散文后记的组诗，称作"西苑诗十首"。[16] 最后一次游览是在春季，由陈沂（1469—1538；MRZJ578）、马如吉（1493—1543；MRZJ410）、王通祖（1497—1551；MRZJ30）三位朋友兼同僚做陪。这次游览不是出于皇帝的恩赐——皇帝应该的确不知道此事。[17] 陈沂官编修，认识上林苑监的官员王满，是他安排了这次游览。根据文徵明的记述："既归，随所记忆，为诗十篇。"他将这处皇家园林与天堂相媲美，"非人间所得窥视"（游览这座禁卫森严的御苑是一次极为难得的机会）。与王鏊之园一样，西苑也是由分散的十景构成。它们是万岁山、太液池、琼华岛、承光殿、龙舟浦、芭蕉园、乐成殿、南台、兔园山和平台。每首诗之前都配有一段散文前言，关于万岁山是这样写的：

万岁山。在子城东北玄武门外，盖大内之镇山也，其上林木阴翳，尤多珍果，一名百果园。[18]

文徵明对皇家园林的这次游览是难得的偶遇，但这并不意味着其他人没有游览过。很可能的是，在他游览皇家园林并创作"西苑诗十首"之前，吴宽、王鏊和王献臣这些职位比他高得多的官员早已对皇家园林了然于胸，并从一开始着手建造他们的园林时就产生了借鉴模仿皇家园林的想法。

贵族阶层的作用

京城的其他园林不同于皇家园林，在十五世纪它们扮演着上层精英集会场所的角色。这类最有名的集会是1437年四月在文渊阁大学士杨荣（1371—1440；DMB1519—1521）的杏园中举办的"杏园雅集"。九位高官参加，包括大学士杨士奇，他通晓皇家园林，还写了这次雅集的散文题记。宫廷画家谢环（插图20）还用他的生花妙笔描绘了这次文坛盛会（《杏园雅集图》）。[19] 第二著名的集会是在周经（1440—1510；DMB267—269）的竹园里举行的"竹园寿集"，参会者中有苏州东庄的主人吴宽。这次集会也被参会的两位画家绘制了下来。这幅《竹园寿集图》与《杏园雅集图》1560年左右在《二园集》这本诗集中（插图17、18）印制出版。[20] 这本集子的出版对当时国内正兴起的一股园林文化热潮推波助澜，对社会精英阶层产生了深远影响。然而，对京城而言，主导十六世纪园林文化的并不是官僚阶层，而是皇亲国戚和开国元勋的后裔们，早期皇帝把世袭爵位和广田巨宅赏赐给他们以维系他们安富尊荣的生活。[21]

园林文化的扩张

在南方的都城、江南的腹心、文人墨客的理想国——南京，园林文化的主导者还是贵族们，名园都归他们所有。这从王世贞所作的著名散文《游金陵诸

[插图17]《杏园雅集图》(发生于1437年),木版印刷,出自《二园集》,1560年版,美国华盛顿特区国会图书馆藏。此片段表现的是大学士杨士奇(1365—1444)和王直(1379—1462)。

二 观赏性园林

[插图 18]《竹园寿集图》（发生于 1499 年），木版印刷，出自《二园集》，1560 年版，美国华盛顿特区国会图书馆藏。此片段表现的是苏州东庄主人吴宽（1435—1504）。

园记》(金陵是南京的别名)所列的名园名单可见一斑。[22]他列举了十五处名园，其中属于开国勋臣、开国皇帝的战友魏国公徐达（1332—1385；DMB602—608）后裔的不下十处，它们都附建于居所之畔。这些名园的营建都不早于十六世纪早期。剩下的五座中，有两座为贵族园林（分别为定居北京的武定侯的亲属与齐王的没落家族所有），只有三座为王世贞这样的文官阶层所有。

南京人顾起元（1565—1628）于1617年出版的一本介绍南京的历史、地理和风俗的书《客座赘语》中转述了王文的内容。在"古园"一节中，他列举了一些湮灭已久的园林，大部分建于南北朝之后。他认为南京历史上真正属于士大夫阶层的私家园林凤毛麟角，并作了如下解释：

> 国初以稽古定制，约饬文武官员家不得多占隙地，妨民居住。又不得于宅内穿池养鱼，伤泄地气。故其时大家鲜有为园圃者，即弇州所纪诸园，大氐皆正、嘉以来所创也。[23]

同时代的很多文献都说明，1520年之后，与生产活动相脱离的园林观念迅速兴起，而投身园艺美学实践的人也越来越多。苏州的情形我们将在下文详细研究，这股潮流同时也影响到了其他地区。无锡秦家的寄畅园，是正德年间规划兴建的，初名"凤谷行窝"。它一直长盛不衰，十八世纪乾隆六次南巡都曾驻跸于此。[24]翻检《明代名人传》（当然这对研究明代园林史并不是一种科学的方法），里面几乎所有与园林有关的条目都提到了十六世纪的这场造园运动。例如，吴国伦（1524—1593；DMB1490）十六世纪七十年代被革职后，于家乡湖广省兴国州建造了本地的第一座园林。绝非当地人不懂园艺，而是吴国伦博采众长的建园思想、审美态度和社会实践在当地是前所未闻的新鲜事物。他的造园行为虽是出于对已在苏州这样的地区遍地开花的造园热潮的跟风，但他的园子也可能独具一格，别有风味。浙江人祁彪佳所列举的191座本省园林都是近期建造的。[25]一本现代编著的名园文集包含了57篇园林游记，其中4篇唐代（618—906）的，10篇宋代（960—1279）的，22篇明代（1368—1644）的，21篇清代（1644—1911）的。[26]明代的游记最早的是文徵明作于1533年的《王氏拙政园记》。尽管这些文章不是统计学意义上的严格样本，但是明代最后110年的

二 观赏性园林

游记比整个清代267年的还多，这意味着明代人对园林的关注程度要高于清代人。美学园林的兴起是十六世纪独有的一种文化现象，对此观点现代中国学者均表认同。[27]

晚明的苏州

精英们对明代后半段的苏州及其园林的大量记录的确反映了当时园林文化的扩张程度。让我们用更为客观的证据来说明。苏州的沧浪亭在1530年代只存其名而已，与王献臣用此名命名他的园内景观同时，嘉靖朝的苏州知州胡缵宗全面恢复了它的旧观。[28]正是地方志的此类记载清晰地反映了精英阶层对当时园林文化扩张的态度和感受。

从行政隶属关系上说，苏州各占了长洲县和吴县的一部分。苏州东半部由长洲县管辖，吴县管辖西半部和太湖沿岸的狭长地带。[29]长洲县1571年完成了县志的编纂，随后进行了修订，于1598年正式出版。[30]按照明代地方志的通行标准，《长洲县志》有点寒酸，这可能意味着长洲管辖的这一部分苏州城区不太繁荣富庶，以至于县志中竟没有园林的专章。然而，它的第十三章将"故里"、"众墓"、"第宅"和"园亭"合并在了一处。"故里"一节包含着一定数量的旧时园林，而"园亭"却总共列举了17处园林，业已消失的和现存的混杂在一起，《姑苏志》则将纯文字记载的园林排列在现存园林之前，所以《长洲县志》里面的这种排列方法不如《姑苏志》有章法。[31]在《长洲县志》所列举的17处园林中，4处只是对确已完全消失的园林的文字记述，剩下的13处当时很可能都还在，这个数目比《姑苏志》所记的5处要大得多，何况苏州的地理范围还大于长洲。《长洲县志》所列大部分园林只是名称的罗列，记载非常简略，如"醒心亭，熙宁间曹佾履中所葺，在葑门内"。而对前文论述过的吴庸的东庄和王献臣的拙政园记载略详：

> 东庄，由文定公（谥号）吴宽之父吴孟融所建。园内共有二十二景。大学士李东阳曾作记，隐士画家沈周曾作图。
>
> 拙政园在娄齐二门之间，嘉靖中王御史献臣因大宏寺废地营别墅，文待诏徵明记。

显然，咏赞园林的这些文学艺术名家在县志编纂者看来比园内的具体景观更值得记录。而且从县志的评价口吻可以看出，东庄只是被当作了一系列景观的集合。园林在此变成了供人观赏的东西，景观之美变成了比李东阳1470年所描述的那些经营管理活动（如水果、蔬菜、稻米、桑园）更为重要的东西。

《吴县志》是另一部苏州地方志，出版于1642年。它记载了更多的园林史料，且专门划出了"园林"一章。现代汉语对应"garden"的最标准语词自此出现。如前文所述，明代与之对应的词还有"园亭"、"园池"，意思完全相同。《吴县志》列举了55处园林，记载数量比1506年的《姑苏志》大得多，而且比1598的《长洲县志》也多不少。其中27处早于明代，剩下的28处中，排在首位的是杜琼的"如意堂"。其他几处明代早期园林在县志编纂之时已不存在。如建在"如意堂"的原址上为致仕大学士申时行（1535—1614；DMB1187—1190）所有的"适适圃"[32]，被认为拥有"城西最壮美的树林"。此县志对单个园林的记述比《长洲县志》要细致全面得多，而且经常引用一些相关散文或诗歌的词句。在大多数例子中，园林主人的身份与园林的位置列在一起，偶有编纂者对园林景观效果的评论或引述。由此我们得知诗人赵宧光（1559—1625）致仕后在支硎山上建"寒山别墅"，与其妻陆卿子（亦是一位名诗人，文徵明挚友陆师道之女）隐居于此。这是一处"世外仙源"，所陈设家具也是"世间所未见"。[33]文徵明曾孙文震亨（1585—1645）的香草垞也是声名远播。一代时尚大师文震亨于1615—1620年间所著的《长物志》，是苏州精英阶层的雅文化消费指南，其卷七由赵宧光校定。[34]下文摘自此书：

> 乔柯奇石，方池曲涧，鹤楼鹿柴，鱼床燕幕，以至纤筠弱草，盎峰盆卉，无不被以嘉名，侈为胜事。[35]

"侈"这个字是贬义意味浓厚，指非常浪费和不当奢华。1642年之前，这个字不大用来形容达官贵人丰裕的物质生活，用以描述园林的例子却比比皆是。

从苏州首先兴起，其后扩展至经济富庶的其他长江下游城市，再后风行全国的造园热，见证了精英阶层奢侈消费行为的巨大增长。这种奢侈也随之带来

二 观赏性园林

了破坏、瓦解乃至颠覆社会秩序的种种抱怨和批评。以下两段引述代表了当时直接针对苏州的批评之声：

> 至于民间风俗，大都江南侈于江北，而江南之侈尤莫过于三吴。自昔吴俗习奢华、乐奇异，人情皆观赴焉。……盖人情自俭而趋于奢也易，自奢而返之俭也难。[36]

又：

> 姑苏虽霸国之余习，山海之厚利，然其人儇巧而俗侈靡……盖视四方之人，皆以为椎鲁可笑，而独擅巧胜之名，殊不知其巧者乃所以为拙也。[37]

这些对"奢侈"、"过度"的批评在很大程度上是一个传统主题，尽管如此，十六世纪的奢侈之风还是愈演愈烈。在此时期，类似的词开始用在富贵人家的园林上。正如我们在前一章所看到的，早在1494年，苏州园林的卓越品质就曾被归因于"节俭"意识的缺位。到十六世纪末期，园林被视为本世纪前五十年奢侈消费不断加剧的自然产物。沈德符写道：

> 嘉靖（1522—1566）末，国家承平日久，达官富室建园蓄姬之余，文玩之娱亦为一时之兴。[38]

上述的这些奢侈消费品的概念不可能与生产性的土地挂起钩来。而生产性土地是我在论述明代早期的代表性园林比如东庄和拙政园时重点强调的范畴。园林如何从表示"生产之地"转变成了内涵更复杂的"消费之物"？

植物、岩石、奢侈品

园林在形态上发生了很多种变化。果树林逐渐变成了园林中的次要景观元素，它被没有什么经济价值的奇花异草取代，其中包括从东南亚进口的那些品种。[39]一位研究者指出"园圃中以树木多而且长大为胜"，继而列出了那些珍稀品种的完整名单：

> 其最贵者曰天目松，曰栝子松，曰娑罗树，曰玉兰，曰西府海棠，曰垂丝海棠，曰楸桐，曰银杏，曰龙爪槐，曰频婆，曰木瓜，曰香橼，曰梨花，曰绣球花，曰罗汉松，曰观音松，曰绿萼梅，曰玉蝶梅，曰碧桃，曰海桐，曰凤尾蕉。今南都诸名园故多名花珍木，然备此者或罕矣。[40]

在这份名单中，"橘子"和"榆叶梅"已经消失，取而代之的是其他一些特定的珍稀品种。同一时期的《农政全书》中所列的植物，仅银杏、温柏、松属和槐属类植物尚存，这表明人们对经济价值较大的植物的兴趣已大大减弱，而对从国外进口的珍稀品种的兴趣大大增强，就像十八世纪的欧洲，海外的商品总是很抢手。这位研究者提到的"大红绣球花"，非中国本土所产，而是由一艘远洋船从泰国运到晋江的，"当时沈生予任晋江县令"。南京一座寺庙庭院里所植的山楂，据说是大太监郑和（1371—1433）下西洋时带来的。此期不断有新品种被培育出来，或移植进来。如关于山茶花的论述：

> 山茶，此中二种：一单瓣，中有黄心；一宝珠，单瓣中碎小红瓣簇起如宝珠，故名。近又有一种白者，花亦如宝珠，色微带鹅黄，香酷烈，胜于红者远甚。

另一奇物是苏州的玫红杜鹃，十六世纪下半叶首次出现于南京的园林中，这种花极难移植。[41]北京惠安伯的张园，就以"数以万计"的牡丹闻名，而在十七世纪早期，规模小得多的园却也能以"数百株来自不同地域、不同品种、多得以至于园丁也不能辨识（插图38）的植物"而名世。[42]十六世纪的中国园林对新奇的追求与当时的欧洲园林极为相似，结果是它"加大了贵族园林或行家园林与那些为拓宽收入渠道、获取社会地位而种植作物的园林之间的鸿沟"[43]，也拉开了美学园艺活动与传统土地利用形式的距离。[44]

如同珍稀植物一样，岩石在园林设计中的重要性也越来越高。[45]需要提醒一下，那些安放在地上或可移动盆景中的单体石头，与岩石群的设计是有区别的。二者的历史，既不等长，也不连续。对石头的鉴赏和推崇可溯自宋代乃至更早，宋代杜绾撰写的《云林石谱》就是一例。这本书的序言写于南宋初的1133年，发人深省的是，此书的付梓出版却迟至晚明。[46]单体石头，尤其是苏州附近太湖中的"太湖石"，为自然力所侵蚀，漏透多孔，是北宋皇帝宋徽宗的殊爱。声名狼藉的"花石纲"就是为了朝贡太湖石精品而设。[47]然而，这些石头在宋代中国各地的园林中并非是不可或缺的造景元素。晚明的王世贞指出，李格非的《洛阳名园记》根本就没有提及岩石。[48]岩石在世俗园林中的流行可能是受到了寺庙园林的某种影响，在那里它们被当作表现西方极乐世界殊胜景象的象征物。一位十一世纪（宋代）的日本游客曾对苏州报恩寺的园林假山艺术深感震惊。[49]这种独具特色的苏式假山可能持续到相当晚的一个时期。明代苏州学者黄省曾（1490—1540；DMB661—665）显然持此种看法。在他所著的《吴风录》中，他认为太湖石的风行源自臭名昭著的"花石纲"的经办者朱勔。在黄氏所处的那个时代，"权贵豪富争以太湖石相竞奢"，最知名的能工巧匠均是朱勔的后人，现在立于虎丘（插图35，36）的太湖石应是他们的杰作。[50]位于元代佛寺园林——狮子林中的假山群，是明代苏州最著名的假山群之一（插图41）。元代大画家倪瓒（并非如后世传说所言，他其实并未参与假山群的设计）曾绘制《狮子林图》，而这座园子尽毁于明代早期。后来此处盖满了房子，1762年乾隆皇帝南巡时此处又从零开始重建[51]，因此它现在的面貌和布局与明代迥然相异，而所谓的用岩石来表现佛教极乐世界也仅限于推测。岩石在文徵明的《王氏拙政园记》中根本未被提及，他的绘画也仅表现过一块单体的"太湖石"（插图9）。

精致的假山，是一门独具苏州特色的综合性岩石艺术。大约1550年之后，它也逐渐流行至帝国其他地方，成为那里的时尚园林中的主要景观（插图26，36）。十六世纪中期的杭州学者郎瑛（1487—1566；DMB791—793）曾视假山为新奇却无用之物：

> 近日富贵家之叠假山，是山虽成也，自不能如真山之有生气，春夏且多蛇虺，而日夜不可乐也。

附近有真山可以游玩，却大肆营建假山，其中的做作和乖张以及模拟自然的人造园林（与富有太监的口味相联系）之于自然风光本身的低劣性，是文化保守主义者福建学者谢肇淛（1567—1624；DMB546—550）在其著作中明确表示反感的。对这些假山的诸多记载鲜有不提及建造它们所费的巨大开销的，郎瑛和谢肇淛也不例外。一块单体的布满凹坑和孔洞的太湖石往往非常昂贵：

> 其价佳者百金（等于100盎司银，3750克），劣亦不下十数金，园池中必不可无此物。而吾闽中尤难得之，盖阻于山岭，非海运不能致耳。昆山石类刻玉，然不过二三尺，而止案头物也。灵璧石，扣之有声，而佳者愈不可得。宋叶少林自言过灵璧得石四尺许，以八百金市之，其贵亦甚矣。今时灵璧无有高四尺者，亦无有八百金之石也。[53]

然而，一座好的假山在苏州可能费十倍之金。谢肇淛用那种只有假山鉴赏的行家里手才能看懂的专业语汇设定了"好假山"的评判标准：

> 工者事事有致，景不重叠，石不反背，疏密得宜，高下合作，人工之中，不失天然，偏侧之地，又含野意，勿琐碎而可厌，勿整齐而近俗，勿夸多斗丽，勿太巧丧真，令人终岁游息而不厌，斯得之矣。大率石易得，水难得，古木大树尤难得也。[54]

谢氏的这类著述表明，岩石在晚明园林中占有更为突出的地位。此外，购买这些岩石的难易程度，安放这些岩石的速度快慢，也都在他的行文中有所体现。岩石园林是一种速成的园林，它对那些获得土地所有权晚于元代的新兴地主官僚阶层更有吸引力。

尽管现代学者所关注的往往是诸如岩石与宇宙、岩性与宇宙性质的关系，但对明代学者而言，岩石却是与那个时代的奢侈消费相联系的。故而谢肇淛说：

王氏弇州园，石高者三丈许，至毁城门而入，然亦近于淫矣。洛阳名园以苗师者为第一，据称"大树百尺对峙，望之如山。竹万余竿。有水东来，可浮十石舟。有大松七，水环绕之"。即此数语，胜概已自压天下矣。乃知古人创造皆极天然之致，非若今富贵家但斗巨丽已也。

纨绔大贾，非无台沼之乐，而不传于世者，不足传也；拘儒俗吏，极意修饰，以自娱奉，而中多可憎者，胸无丘壑也……[55]

正如我们将要看到的，"胸中丘壑"是在晚明社会躁动不安，竞争激烈的时代背景下，人们流连沉湎于园林美景时所产生的主要心灵感受之一。著名散文大家、诗人袁宏道（1568—1610）的一篇关于苏州景点的记述，非常鲜明地呈现了园林在那个竞争社会中所扮演的重要角色。

园亭纪略

吴中园亭，旧日知名者，有钱氏南园，苏子美沧浪亭，朱长文乐圃，范成大石湖旧隐，今皆荒废。所谓崇冈清池，幽峦翠筱者，已为牧儿樵竖斩草拾砾之场矣。近日城中，唯葑门内徐参议园最盛，画壁攒青，飞流界练，水行石中，人穿洞底，巧踰生成，幻若鬼工，千溪万壑，游者几迷出入，殆与王元美小祇园争胜。祇园轩豁爽垲，一花一石，俱有林下风味。徐园微伤巧丽耳。王文恪园在阊胥两门之间，旁枕夏驾湖，水石亦美，稍有倾圮处，葺之则佳。徐冏卿园在阊门外下塘，宏丽轩举，前楼后厅，皆可醉客。石屏为周生时臣所堆，高三丈，阔可二十丈，玲珑峭削，如一幅山水横披画，了无断续痕迹，真妙手也。堂侧有土垅甚高，多古木，垅上太湖石一座，名瑞云峰，高三丈余，妍巧甲于江南。相传为朱勔[56]所凿，才移舟中，石盘忽沉湖底，觅之不得，遂未果行。后为乌程董氏构去，载至中流，船亦覆没，董氏乃破赀募善没者取之，须臾忽得其盘，石亦浮水而出，今遂为徐氏有。范长白又为余言，此石每夜有光烛空，然则石亦神物矣哉！拙政园在齐门内，余未及观，陶周望甚称之。乔木茂林，澄川翠干，周回里许，方诸名园，为最古矣。[57]

农艺传统的遗风

在袁宏道的文章（内部证据表明写于 1602 年之前）中，最明显的是，他没有提及苏州那些名园里的稻田、菜圃和桑园。十七世纪早期的学者文震亨（1585—1645）所关心的是这类农艺景点所体现出的完美的道德人格，而对这类景点本身实际上是轻视的：

> 他如豆棚、菜圃，山家风味，固自不恶，然必辟隙地数顷（1 顷等于 100 亩），别为一区，若于庭除种植，便非韵事。[58]

关于绿色蔬菜，他进一步写道：

> 皆当命园丁多种，以供伊蒲，第不可以此市利，为卖菜佣耳。[59]

不同的是，文震亨的高祖父，即近一个世纪之前的文徵明，乐于襄赞设计，也乐于记述和绘制王献臣的拙政园。而王献臣则通过引用潘岳归隐这一典故欣然把自己描述成一个"灌园鬻蔬"的角色。而到了 1620 年，对一些精英人物来说，即使动一动成为菜贩的念头也是很让人不齿的。

何以至此？一种解释是，当时热衷于高雅园林文化的人们数量激增，这意味着，说某某逸士高人通过亲种橘林而自喜于自给自足，或将他们称为橘子供应巨头，是一件颇欠风雅的事情。尽管这些苏州名园在十六世纪期间发生了一些变化，但有一点毋庸置疑，那就是以营利为目的的农艺活动仍在继续，甚至有所强化。国外的研究者如加斯帕尔·达·克鲁兹（Gaspar da Cruz），就是那位认为 1560 年代的中国社会与上层精英集团相脱节的人，曾惊讶于中国城市市场上有品质如此高、品种如此丰富的蔬菜、坚果和水果。虽然他基本不从"园林"的视角看问题，但他确实注意到，在广州的普通人家里，"在房屋后边的入口处有一个小院子，里面用果树丛和喷泉潺湲其间的凉亭作为点缀"[60]。园林中经济作物的栽种不是一下子就消失的，实际上也从来没有完全消失过。祁彪佳是十七世纪早期的官员，他的园林坐落于家乡浙江省山阴县（今属绍兴），里面种有桑树林，他游览过的另一座园林，所种橘树达上千株之多。[61] 橘树，别名木奴（因其盈利能力得名），在1631—1633年间设计建造的坐落于废弃的拙政园一隅的"归田园"中也有种植，当时的"归田园"还种有一些桃树、李树和榆叶梅树。但是，此时的园主王心一更多地把心思放在了假山营建上。[62]

　　农艺学文献的编撰热潮从十六世纪一直延续到十七世纪早期，不同的社会阶层悉数参与其中。层次相对较低的是"户主手册"，里面包含着小地主这个阶层必备的各类信息，多数都非常实用，很多内容都反映了当时园艺经济的成功和繁荣。《便民图纂》是流传最广的此类著作之一（插图19），成化（1465—1487）至万历（1573—1620）年间，在帝国很多地区至少重印过六次。这是一本逐渐收集而成的综合性著作，也无特定作者。与此类其他著作如《居家必用事类全集》、《多能鄙事》一样，它把家务讯息（其中园艺是大头）与仿效都市奢靡之风的讯息结合在了一起。《便民图纂》卷十五"制造类"一节保存了创作书画所需材料、琴筝保养、文人学士必备的音乐雅玩等方面的第一手资料。[63] 其他书籍中也记录了诸如如何建构书房、青铜器如何作伪、如何保养等等内容。[64] 但值得注意的是，其中没有任何一本书谈及纯美学的园艺活动（比如，它们从未谈及岩石）。对于这些著作所面向的社会地位较低的读者来说，纯粹为了娱乐而种植庄稼是过于奢侈了。另一部流布甚广的著作《补农书》，成书于1639年，为江苏嘉兴的一个小地主沈氏所著（乾隆年间，朱坤编辑《杨园全集》时把《沈氏农书》与张履祥［1611—1674］所著的《补农书》合为一本，分上下两卷，统称为《补农书》，故后世刊本多用此书名。——译按）。在这本书中，经济方面的考量被摆在了非常突出的位置：

　　　　尝论赋役重困，基址、坟墓，各宜思粮之所出。坟旁种芋艿，便可取薪。基址宽旷，则前植榆、槐、桐、梓，后种竹木，旁治圃，中庭植果木，凡可取为祭祀、宾客、亲戚馈问之用，即省市办金钱。中庭之树，莫善于梅、枣、香橼、橙橘、茱萸之类；莫不善于桃、李、杏、柿之类，盖物之易溃，不能藏蓄，吾所不取。[65]

收割

竹枝词

无雨无风斫稻天，斫归场上便心宽。收成须趁晴明好，柴也乾时米也乾。

[插图 19] 收割，木版印刷，出自《便民图纂》，1593 版。

二　观赏性园林

这类态度，正是文震亨这样的上流纯文人作家所刻意与之保持距离的。

美学的胜利

农艺的经济功能与美学功能的分野只有当社会发展到一个更高水平时才能出现。晚明时期出版或再版的丛书（即文选，由迥然相异的原始文献统一编辑而成）都把它们局限在了技术层面。出版于1603年、由大藏书家胡文焕编辑的《格致丛书》收集了一些此类作品[66]，如《农桑辑要》（序言作于1592年）和俞宗本所著的《种树书》。后者记录了可称作这类农艺技术的"文化背景"的内容。《种树书》前言部分指出，"种树"是致仕归隐的文人学士的事情。作者把"祭祀和宾客"这类传统家庭活动也当作了种树的理由，接着他又这样论述了花卉的作用：

> 花卉可成一隅之景，故可愉心悦目，且于践行隐居和求道的学士文人，意义殊然。故园中之花足可供自足自乐，此人所共知也。[67]

《种树书》按月份将各种各样的农艺活动排列出来，同时系统介绍了谷物、桑树、竹子、树木（专为提供木材）、花卉、水果和蔬菜的种植方法。它所描绘的画面是观赏性品种和经济品种随便混种其间的小地块。它明确提到"菜园中间种牡丹、芍药最茂，凡种好花木，其旁须种苤蓝之类，庶避麝香触也"[68]。对文震亨这些轻视实用性的文人雅士来说，仅仅是提及这些可食蔬菜的存在大概也是讨嫌的吧。

园林美学与园林经济的分野是双向的，既然讨论美学时可以完全摒除经济，同样讨论经济时也完全可以摒除美学。徐光启（1562—1633）的《农政全书》是晚明最重要的农学专著，他去世时尚未完书。[69] 徐氏基本全文照抄了元代王祯《农书》的"块地"一节。[70] 然而，徐光启删除了王祯关于农艺的所有诗词，而这些诗词占据了这本著作开篇的大部分篇幅。洋葱之于雅园，诗歌之于农书，由于权威们解释方式的不同，本来是浑然一体的，现在变成了两种好像是风马牛不相及的事物。

[图20]谢环,《杏园雅集图》,1437年,手卷(局部),绢本设色。纽约大都会艺术博物馆。

二 观赏性园林

[图21] 文徵明，《影翠轩图》，手卷，纸上设色。台北故宫博物院。

[图22] 文徵明,《楼居图》,1543年,私人藏品。立轴,纸本水墨淡彩。

二 观赏性园林

67

[图 23]（上）杜琼（1397—1474），《友松图》。卷本，纸本水墨设色。北京故宫博物院。

[图24] 仇英（1494—1552），《园居图》，手卷，纸本水墨设色。台北故宫博物院。注意图的左部繁花中的果树林。

二 观赏性园林

［图 25］雕漆盘，红漆木胎，十五世纪早期，伦敦大英博物馆。

［图 26］钱榖（1508—1578），《小祇园》，册页，纸上水墨设色，出自纪行图册。台北故宫博物院。

[图27] 仇英（1494—1552），《独乐园图》，手卷后部，绢本设色。克利夫兰美术馆。

[图28] 沈周（1427—1509），《千佛堂云岩寺浮屠》，取自《虎丘十二景图册》，纸本浅设色，克利夫兰美术馆。

二　观赏性园林

［图29］马远（1160—1230），《雪滩双鹭图》，立轴，绢本浅设色。台北故宫博物院。画中的树为其下的矮禽提供了鉴赏图式。

虽然这类带有早期观念印迹的园艺活动所占体量很大，但晚明的富人们还是被迫想方设法与他们以往（当时园林数量比较少）曾一度热衷的园艺业划清界限，至少在表面上是这样。这种刻意保持距离的做法还不得不以一种非常严苛和激进的方式进行，如此的表里不一反映了人们内心的困惑到了何种严重的程度。[71]这也可以用来解释为何园林主人如此青睐于经营果园这种介于实用性和观赏性之间的业态形式。

明朝后半叶，营利性的园林景观大幅衰退，这是全国性的现象。窦德士在考察泰和县时指出："十六世纪之后，平凡的景观没落了，人们的兴趣从实景转移到了虚景和人造景观之上。"[72]据他的考察，那些曾出资绘制当地山川地形、也曾热衷从事园艺事业的本地园主，也逐渐把他们的兴趣转移到了那些在布局上刻意模仿苏州园林、里面充斥着舶来的奇花异草的新式园林上。萧士玮的"春浮园"建成于1620年，位于泰和县西部郊区，当时的人们受新式园林的影响，对此园的生产性功能，颇多讳言。窦德士指出，这些园子建于泰和县纯属巧合，它们之间并没有特别的关系，接着他总结道：

> 明初的人们所秉持的关于自然界和世俗生活的那些美的观念和价值标准，在明末清初时已被颠覆，取而代之的是体现于人造湖池和精致园景中的那种琐细幻象，就像月光下缥缈朦胧的梦幻世界取代了日光下由工作生活组成的真实可感的现实世界那样。[73]

窦德士可能把复杂的问题简单化了，但他描述的情形总体来说是有说服力的。韩德琳（Joanna Handlin Smith）认为，对那些园主是单个人的园林来说，园主的文化品位决定了这座园林的品质和名气（园林景观的设计从"实"转化为"虚"正是由园主的文化品位所决定。——译按）。在晚明所有东西都被商品化的时代背景下，财富反倒成为跻身精英阶层的最大障碍，精英阶层开始担心，他们既有的社会等级与新富们的财富等级不能相安共处，而互相冲突倾轧。很多证据都表明，这种情势也发生在园林上。这些园林或由商人创建，或由商人购得，而这些商人的财富绝非来自土地的天然孳息。有关安徽省休宁县吴家"玄圃"的一则记载清楚地表明，只要有钱，任何人都可以把由珍稀植物、奇石和道教元素

二 观赏性园林

组成的整套景观建在自己的园林中。随着这一时期徽商财团的异军突起，兴建这类私家园林成为他们最常见的选择。[74] 此时的园林明显成了商品。园林中的个体单元同样成了频频转手的商品。祭酒陈瓒的家族，是当地的豪门巨室，居住于苏州城外东洞庭山。他们所建的住处，带一占地百亩的"花园"（这个词在明代文献中相当罕见），可与宫殿媲美。他们花巨资购置了一块极品石头，并想方设法用筏子水运至家乡，却不慎沉入太湖。接着他们花了一个月的时间建成了潜水箱，并阴差阳错地采捞出另一块石头，真是奇遇，这块石头与先前沉入水中的那块竟是一对儿绝配。这一对天造地设的石作虽然在陈家园林享有特别的尊荣，但竟也没有逃脱被转让出售的命运，它们后来被一后裔出售给了两个商人，两个商人随即迅速转手，从中大赚了一笔。[75]

可见，奇石乃至整座园林与其他形式的文化奢侈品比如绘画并无二致，也能以惊人的速度进行转让。[76] 在这样的商业流通环境下，人们所更为关注的，并不是拥有了什么东西（因为只要有钱，人人都可以做到），而是拥有的方式和品位，园主倾心打造的园林布局和结构变得尤为重要了，而园林的规模大小不再重要，那些面积虽小但却美不胜收的园林更让人青睐。在十七世纪，名字类似"半亩园"、"芥子园"之类的园林数量大增。[77] 这些小园符合苏珊·斯图尔特（Susan Stewart）提出的"过度文化"的定义。[78] 尽管很多观赏性园林也一直从事一些经济作物的栽培，但区分观赏性园林和生产性园林的标准，并不是看两者所植的作物系列（指花木而非水果）相同与否那么简单，重要的是培植这些作物的形式和方法。这种审美标准在明代前期也得到了相当的认可，至明代后期，更是被奉为圭臬而风行一时。斯图尔特一针见血地指出，"'品位'一词，代表着消费的阶层差别，也唯有这个词可以清楚地诠释这种差别。"[79]

开放与封闭

既然"品位"可以合理地调节消费的社会性差异，而选择何种方式对园林进行营构也变得越发重要，我们有必要先探讨一下园林的开放性问题。中国园林的早期西方研究者往往围绕着园林的封闭性大做文章，普遍把它视为园主逃避案牍之劳或家庭琐事的世外清修之地。确实,"隐"这个词在明代园林文献中出现的频率最高,在园名及园内景观之名中尤其如此。[80] 真正的"隐"应该隐于乡野深山,但对于那些承担着社会责任的人来说,这是不可能实现的。这一观念被普遍接受已由来已久。早在北宋,山水画家郭熙的《林泉高致》就体现出对这种观念的认同。[81] "构筑家园的第一选择是乡村,其次是郊区,最后是城市"[82],这是近乎谚语的老生常谈。精英阶层对生产性景观的疏远(即使是象征性的),一直与十六世纪时地主们日渐放弃乡村转向城市这一趋势相始终。为此,明人借用了南宋人首创的"市隐"一词,这一术语糅合了出世与社会责任这一对矛盾(插图30)。在一般意义上,这个词是指那些既无官无权又无意追名逐利的人。[83] 这个词也适用于园林,南京城内姚涮(字元白)的"市隐园"即是一例。

姚涮曾就造园事问询于苏州人顾璘(1467—1545),他是文徵明的挚友,1496年进士及第,是南京的文学品评名士。顾璘的建议是"多栽树,少造屋"。[84] 隐居于城市的观念在明代开始流行,但随即迅速庸俗化了。谢肇淛曾抱怨说,当时的福建和浙江为当地园林和景观所取之名,往往粗笨拙劣,而最恶之习气,当属附庸风雅地化用"市隐"为名,而更老于世故的苏州各界,并未出现这一情形。[85] "市隐"一词源于古老的佛教观念,在佛教看来,出离世间并非物理距离上而是内在精神上的远离。四世纪的晋简文帝(r.371—2)认为"会心处不必在远"。[86] "会心处"意即"灵苗活处",它在明代的园林文献中被频频提及。一篇明代早期的文章——《深翠轩记》写道:

> 古人有言,会心处不必在远。璨然林木,不觉鱼鸟自来亲人……今兹轩处市中,令人有山林之想,得不美乎。[87]

这些观念所带来的直接后果,就是让明代精英的最上流阶层享受到了"市隐"两全其美的好处,在享受隐士美名的同时,又不摒弃居住于城市中心或边缘所带来的文化、社会和安全利益。正像王世贞在十六世纪末所说的那样:"山居之迹于寂也,市居之迹于喧也,惟园居在季孟间耳。"[88] 文震亨更是明言,舍弃苏州城的便利而隐居于即使是景色宜人的偏远之地也是完全不可接受的:

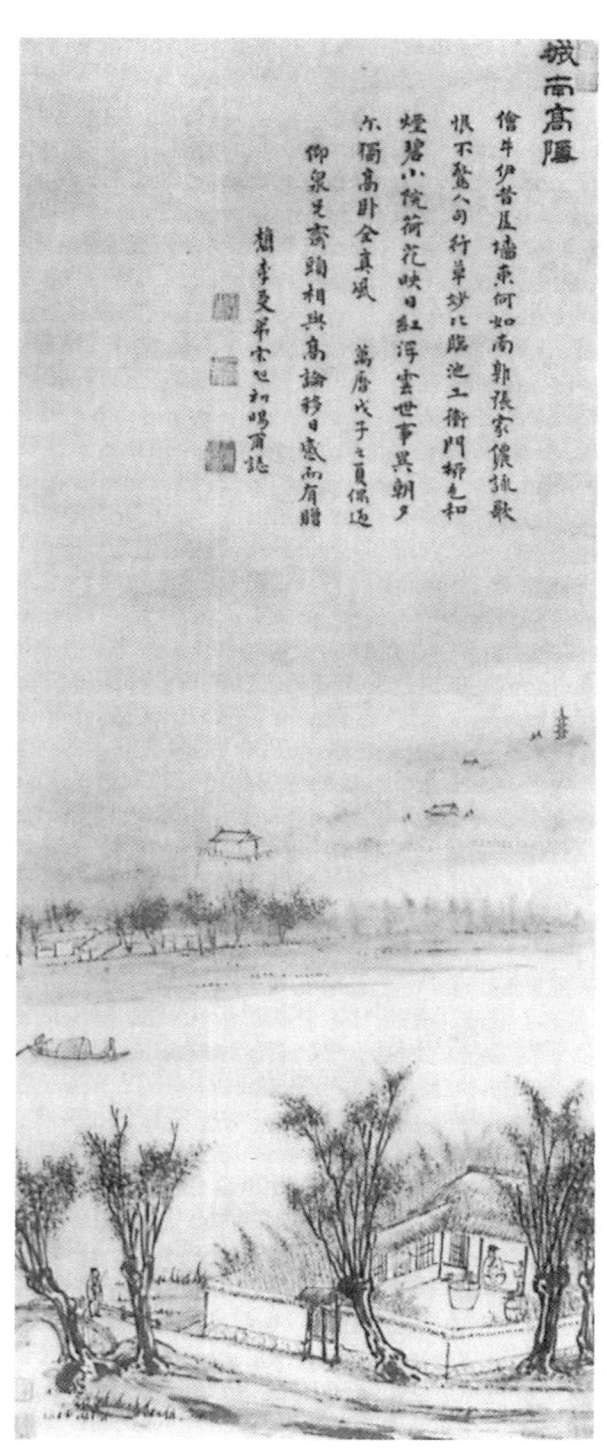

[图30] 宋旭,《城南高隐图》,1588年,立轴,北京故宫博物院藏。

> 居山水间者为上，村居次之，郊居又次之。吾侪纵不能栖岩止谷，追绮园之踪；而混迹廛市，要须门庭雅洁，室庐清靓。亭台具旷士之怀，斋阁有幽人之致。又当种佳木怪箨，陈金石图书。令居之者忘老，寓之者忘归，游之者忘倦。蕴隆则飒然而寒，凛冽则煦然而燠。若徒侈土木，尚丹垩，真同桎梏、樊槛而已。[89]

鉴于以上理由，我们可以总结出明代精英自觉创造出的园林文化的三个观念发展阶段，从农艺层面——难以捉摸的品味（最初体现为对各种珍花异木的追捧）——精神层面的自足自适的生活。尽管这种划分无疑略显粗略，但对于揭示那看起来一成不变的园林文化史中的细微变化，仍是具有启发意义的。

富贵和品位的展示都需要社会舞台，如果没有观众，二者都无意义。卜正民（Timothy Brook）指出：

> 在明代晚期上流社会因互争名位而激烈竞争的时代背景下，隐匿财产和禁止外人进入园林是不可想象的。他们需要奢侈的消费来吸引人的眼球，而这种惹眼又不可避免地向社会各界公开传达出某种意义。整个上流社会作为一个公共精英群体而公开地相互交往。[90]

某些孤陋寡闻的东方学学者可能并不清楚，大量的明代文献都表明，那些有名的园林一般情况下是对外开放的，即便不是对任何人，但至少对那些给得起看门人小费的尊贵阶层是开放的。这种开放有着悠久的传统。第一批私家园林，就是公元220年东汉覆亡后由南方贵族营建的那些，一般来说对外人是不开放的，除非你是园主的亲属或近人。苏州最早的私家园林（据明代志书所列）为四世纪时的顾辟疆所有。有一著名典故，当大书法家王羲之（当为王献之，见《世说新语·简傲第二十四》第17条。——译按）不请自来，旁若无人地游览他的园林时，他派人将其赶了出去。这种情况后来有所改变。位于唐代长安城之南的曲江苑，本是一处皇家狩猎园林，到了八世纪早期，它变成了一处公共园林。北宋（960—1127）的皇家苑囿"金明池"与"琼林苑"，每年二月份向官民开放（捕渔执照还可以买卖），而洛阳同时期的私家贵族园林也同样向游人开放，而且不仅仅只在节日期间。宋人范仲淹认为自己无需在洛阳营建私园，而应把钱用于赈灾济贫，其中一个原因就是他可以轻而易举地遍览各处园林。宋人邵雍写过《咏洛下园》一诗，有"洛阳园池不闭门……遍入何尝问主人"的句子。[91] 致仕宰相司马光所建的名园"独乐园"，对他的同僚当然是来者不拒的，甚至对广大公众也是如此。明季十五世纪晚期到十六世纪早期之时的皇家园林即使不是一概开放，但想获得入园一游的准许也并非难事。十六世纪末，游园甚至更为自由，皇家动物园里捕食活狗的虎豹成了京师一景，一般士绅都有机会一饱眼福。[92] 世袭罔替的贵族园林对普通游人也是开放的，沈德符"已览可游园林"条目下所列举的那些京城名园、以及他所提及的"牡丹花开之时，人人皆可游惠安伯园"[93] 就是两例明证。意大利耶稣会会士利玛窦（Matteo Ricci）曾于1598年在友人陪同下参观了位于南京的魏国公的园林。据他描述，此园"比这座城更漂亮"，并夸赞了此园的亭台楼阁、"其他壮丽的建筑"，以及由洞穴、凉廊、台阶、亭子、草棚、垂钓台等组成的人造假山。他形容此园像"迷宫"一样，"需要两到三个小时"才能逛完。但他的记述表明由于园主当时不在家，他没有受到特殊的礼遇和优待。[94] 很多园林都罗列在旅行手册的醒目位置，这清楚地表明它们是开放的。祁彪佳曾游览了家乡山阴县的近两百座园林，还曾在自己园子里接待过一行游人（不是所有的游人他都认识）。[95] 完全禁止游客涉足的园林极少，值得一提的是华亭人陆树声（1509—1605）所写的《适园遄客记》一文。[96] 陆氏辩称大部分园主待在自家园子的时间十不及一，其实是反主为客。而他自己的小园虽仅占地两亩，但游人禁入，故能成其为主。然而，陆氏所为，已跟不上多数同辈的步伐。一段描述十六世纪晚期的苏州的文献反映了游客游园的一些特殊情形，特殊就特殊在这些园林为文官精英集团所有：

> 徐少浦名廷禄，苏之太仓人，后居郡城，为浙江参议。家居为园于葑门内，广至一二百亩。奇石曲池，华堂高楼，极为崇丽。春时游人如蚁，园工各取钱方听入。其邻人或多为酒肆，以招游人。入园者少不检，或折花号叫皆得罪，以故人不敢轻入。其所任用家僮，皆能致厚产，豪于乡，乡人畏之如虎。

据该文献记述，1602 年，徐家奴仆与一出殡队伍发生了口角，继而导致这座园林被愤怒的民众洗劫，"园子大半被毁"。接着写道：

> 徐氏遂以不振。今园仍在，乃托别宦之名主管之以避祸，而堂阁之间，已鞠为花草矣。

作为奢侈消费的代表，富家园林首当其冲地成了明亡之际席卷苏州一带的无数社会暴乱的劫掠对象。

探讨明代江南地区富家园林的开放性问题有多层含义。这个问题清楚地表明，园林完全是园主追求地位和权力的一个社交竞争平台，而远非一个无形的避世所，同时，园林还是园主向公众展示财富和品位的重要手段。北京太师府的园林通过烜赫一时的牌匾铭刻和朱红大门向过往行人宣示着它的荣华和威严。这些园林，可以说实现了上述目的，但它们与中国近代早期舶来的奢侈消费（具有相当私密性质）这一观念还不是一回事儿。彼得·伯克（Peter Burke）在他那篇以大跨度的比较研究法而知名的文章中指出："中国人关注的不是建筑物的外表（这一点与意大利不同），而是房子的内部，内部才值得不计成本地装饰。而这种装饰是给家人和朋友看的。"[98] 上述几条证据表明，明代园林（与即将在第三章论述的纪念性牌坊一道）与同期意大利耗资巨大的宏伟建筑扮演着相同的社会角色。至少，明代园林与同期意大利园林所扮的角色完全相同。大卫·科芬（David Coffin）曾对意大利园林的开放性进行了研究。红衣主教安德里亚·德拉·瓦拉（Cardinal Andrea della Valla）的园林建于 1520 年代，其中有一块碑铭，明白无误地写着：随时欢迎入园游览，来者不限。而吉奥瓦尼·彭塔诺（Giovanni Pontano）在他的《社会美德的条约》（*I trattati delle virtu sociali*）中，公然把"精美古董"与对广大公众开放的整座园林联系在一起。十六世纪的外国人曾频频论及进入罗马园林的路线，从 1560 年代起，游人可以通过一处街道入口进入，而无须通过帕拉佐赌场酒店（palazzo）[99]。研究中国近代早期的历史学者有关适宜性（aptness）的争论，或许尤尔根·哈贝马斯（Jurgen Habermas）的"公共域"概念更贴切，至少将以下事实考虑在内：当时存在着的"公共空间"客观上比中国城市的标准配置要多得多。

至明代晚期，造园已然成了上流社会的癖好。这一小撮人的园林完全是作为奢侈消费物而建的。王时敏（1592—1680）曾讲过沉迷于造园如何差点毁了他，并坦言他缺乏商业头脑。绅士们只知道花钱，却不知道如何赚钱：

> 又余承先世余荫，昧于治生，目不识秤，手不操算，推于泉石，癖入膏肓，随所住处，必累石种树，以寄情赏。壮岁气豪，心呆一往，乘兴不顾其后。

王时敏在其自述（由吴佩怡全文翻译为英文）中还曾提及他在城郊同时营建的两大片由牡丹、岩石以及雕刻泥塑构成的园子。当他迫于生计不得已把其中一处转让给某佛教团体之后，这座园子几乎随即就变成了一处生产场所，装饰性的植物品种被砍倒做了木柴。据他描述，另一处园子后来也完全衰败，"为乡人践踏"（这再次说明，不管园主愿不愿意，园子是可以自由出入的）。[100]

"癖"这个字，这里翻译成"addiction"（嗜好），同时也有"obsession"（痴迷）和"craving"（渴望）的意思，揭示明代士人的人格特征，离不开这个字。"craving"不仅塑造个性，还可以把品位高雅之士与普通百姓区别开来。[101]我们知道，"归田园"是王心一于1631—1635年在废弃的拙政园基址上建成的，他同样使用了"癖"这个字来解释他的造园动机。

> 余性有邱山之癖，每遇佳山水处，俯仰徘徊，辄不忍去。凝眸久之，觉心间指下，生气勃勃。因于绘事，亦稍知理会。[102]

王心一所规划的园林，绝不会是一处生产场所，它是自然的原生态山水景观（"山水"一词，正如我们将要看到的，宇宙哲学色彩往往极为浓厚）。尽管园林在名义上暗含着自给自足的小农经济色彩，但从"归田园"的布局上却看不到一点生产属性。尽管从园子的塔楼上可以看到远处自家的糯米稻田，但这些稻田却被挡在园墙之外。山水画中的山水提供了另一个园林范本，因为园林被视为一个排他性的审美空间，因此山水画中的山水之美势必深刻影响着造园的美学观念。这种情形在此之前从未被提及，文徵明的《王氏拙政园记》也一样。而一百年后，当王心一着手在"拙政园"基址上建"归田园"的时候，他对这块土地的设计就如同画家在白纸或白绢上作画一样：

> 地可池则池之，取土于池，积而成高，可山则山之。池之上，山之间，可屋则屋之。

王心一在《归田园居记》的末尾，赞美了不同品种的山石，并完全以两位元代山水画大师的风格为标准进行了品评。"玲珑细润，白质藓苔，其法宜用巧"者，是赵孟頫（1254—1322）的风格；而"黄而带青，质而近古，其法宜用拙"者，是黄公望（1269—1354）之风轨。这些山水画巨擘为园林的设计提供了灵感：

> 余以二家之意，位置其远近浅深，而属之善手陈似云，三年而工始竟。

绘画，作为声名更著的艺术品，可以为园林的营构提供样本。董其昌（1555—1636）曾藏有几幅元代画家王蒙（1308—1385）所作的《桃花春图》，正是这个原因使他产生了购买图中所绘的真山真水的想法。[103]

董氏还拥有唐代诗人兼画家王维所作的两本手卷《草堂图》和《辋川图》，他也曾十分希望按照图中所绘营建居所。

> 幸有《草堂》《辋川》诸粉本……盖公之园可画，而余家之画可园。[104]

微型化、图景化是十六世纪占主流地位的园林发展趋势，这一趋势产生的另一个重要结果是盆栽植物、矮化树和其他大型灌木的日渐流行，这些微型景观日语称为"bosai"，中文称为盆栽或盆景。尽管有图片和文字记载证明，某些盆景技术的产生可溯至唐代[105]，但到了十六世纪才成为苏州的特产，并随着以苏州为主要起源地的园林文化的扩张而逐步蔓延全国。1506年，《姑苏志》的作者似乎感觉到还有必要解释一下"盆景"这一术语：

二　观赏性园林

[图31] 赵孟頫（1254—1322），《竹石幽兰图卷》（部分），纸本水墨，美国克利夫兰艺术博物馆藏。这类绘画可作为明代观赏性园林景物设置的范本。

> 虎丘人善于盆中植奇花异卉盘松古梅，置之几案，清雅可爱，谓之盆景。[106]

黄省曾写于1540年以前的一段话告诉我们，在苏州地区，"虽闾阎下户，亦饰小小盆岛为玩"[107]。十六世纪中期的田汝成，著有《西湖游览志馀》（其序作于1547年），作者的头脑中就被灌输了这种观念：正是绘画美学为矮化树的鉴赏提供了美学依据：

> 至于盘结松柏海桐之属，多仿画意。斜科而偃蹇者为马远（1190—1260）法（插图29）；挺干而扶疏者为郭熙（1001—1090）法，他如鸾鹤亭塔之形，种种精妙，可为庭除清赏也。[108]

十六世纪末，南京学者顾起元也十分看重"画意"对盆景制作的重要性。此外，他还指出，苏州仍被视为最好的盆景艺术大师的摇篮：

> 几案所供盆景，旧唯虎刺一二品而已。[109]近来花园子自吴中运至，品目益多，虎刺外有天目松、璎珞松、海棠、碧桃、黄杨、石竹、潇湘竹、水冬青、水仙、小芭蕉、枸杞、银杏、梅华之属，务取其根干老而枝叶有画意者，更以古瓷盆、佳石安置之，其价高者一盆可数千钱。[110]

晚明对营建园林颇有微词的伦理著作，以及那些罗列有包括园林在内的奢侈品目录并以僭越相责的文献，都表明园林在那时已然是纯粹的顶级消费品。其中影响力最大、流传最广的是刘宗周作于1624年的《仁谱》，他劝诫人们不要沉迷于花木和岩石，也同样劝诫人们不要贪图安逸、痴迷赌博、纵情声色和集藏太多古董。[111]劝诫引述了一些历史名人因所费过多而罢造园林的逸闻轶事。

韩德琳近期的一篇文章重点梳理了明代晚期的造园问题，并论述同代人如刘宗周等对造园这一奢靡行为的尖锐批评。为逃避这种批评，一位十六世纪早期的造园者以赈灾的名义，雇佣那些流离失所的人们来建造园林。[112]在这篇文章中，韩德琳也引用过祁彪佳这一案例。此人不认同上述批评，他认为对精英阶层而言，园林是一个增进团结、分担社会责任的地方，而不是一个通过炫耀财富而沽名钓誉的地方。他的辩护有一定分量，正如韩德琳指出的，祁彪佳与刘宗周属同科进士，私交甚好。[113] 园林的开放性是这场争论的关键所在。因为只有对园主的同辈精英们开放，与之共享园林之美，园林的财富性才是"清"的（否则就是"浊的"。——译按）。"开放"是观赏性园林的重要属性，它把观赏性园林与经济性园林区分开来，因为禁止外人进入正是后者的特点。尽管观赏性园林的所有权问题时常被淹没在自然美学的语境中，但"开放"事实上强化了园主的所有权。通过开放自己的园子来挣钱是很自然的事情。当然开放也会带来很多风险，比如园主很可能因为露富而遭人嫉恨、游客攀折花木和吵闹喧哗，以及社会动乱时因过于乍眼容易成为劫掠的目标。这一矛盾无法解决。晚明时期的园林有两个彼此冲突的涵义：既可以当作纯粹的审美空间，也可以作为象征财富的奢侈品。在这方面，"园林"跟"奢侈"这个概念本身类似。"奢侈"也是随着历史的发展，在特定的社会环境中产生的，本身也具有相互冲突的双重内涵。只要社会环境持续发展，它的内涵也不会一成不变。奢侈品与其说是一种物品，不如说是一种交易。在明代，它与市场观念或者更确切地说，它与自由流通的商品观念不可分割。这里所说的商品，不包括承担着社会互惠互助功能的物品。比如，一张明代绘画只有当它体现的社会人情关系变得淡薄的时候，人们才好意思把它拿到市场上出售，也只有当它处于自由流通的状态时，它才有变成奢侈消费品的可能。儒家的社会学理论主张，没有任何财产，尤其是土地财产，可以不顾社会伦理和血缘关系而自由交易。[114] 然而到了十六世纪，这种自由交易确定无疑地发生了，那些著名的园林与市场上流通的画作越来越像，频繁交易，以至每隔十年易主一次。作为平凡（土地）与奢侈的矛盾体，曾经最稳定的土地财产竟然变动不居到如此程度，这是让人始料未及的。

三　文氏园林

文徵明其人

明代人对园林文化和景观的态度是有变化的，为深入了解这一变化，一个可行的方法是对某一家族的某些成员，在一段时期对土地财产的经营以及他们对这些土地的美学反应，进行跟踪式和聚焦式的个案研究。

苏州的精英家族中，园林史资料保存最系统最丰富的当属文徵明（1470—1559）家族，此人在前面的章节中已多次提过。从明代至清初，文氏家族从土地中获取收入，代表国家管理和收缴赋税，他们拥有自己的园林，创作了很多有关自家园林和其他园林的诗文，不仅如此，他们还用绘画形式描绘了这些园林和其他类型的景观。

其中一位（文震亨）还结合介绍名园精舍的大量园林史料，编撰了一本关于如何精雅生活的专著。另一位（文肇祉）甚至还曾是皇家森林公园管理机构的官员。考察某些个人、家族内部的财产转移以及他们所创作的有关园林的文字和图绘，我们会发现，在家族和个人层面上，园林的审美性和经济性有可能得到了重新整合。我不打算对文家的园林实践从头到尾按时间顺序做一个简单的爬梳，而是准备从明代中期的文徵明这位标志性的大学者作为研究起点。为尽量深入地了解文徵明的真实人格，我希望发挥自己的想象力，不如此就不能理解作为社会繁荣期的文化典范的理想型园林是什么样子。这里，交代一下，应该对所有用到的研究资料心怀敬意。除了文徵明本人的文集（他死后由无名氏编辑而成），我们还有很多同时或几乎同时的纪念文氏的悼文。[1] 这些文献材料可以清晰地反映出文徵明在当时社会和家族内部的地位和影响力，当然毫不奇怪，不少材料在行文中明显带有为逝者讳的虔敬和虚美口吻。这些材料不能以"原始证据"对待。族谱的平淡琐屑，味同嚼蜡，无出其右。《文氏族谱》是文徵明后裔文含于十八世纪早期修撰完成的。[2] 跟地方志一样，族谱也具有拼凑杂乱的天然缺陷，有价值的东西不多，同样不能以"第一手资料"视之。这是需要我们警惕的地方。

文徵明对他的子孙无疑是非常重要的。我们从沈春泽为文徵明曾孙文震亨的《长物志》所作的序言中，可以感受到他对文徵明这位名震华夏的苏州同乡的自豪：

> 余因语启美："君家先严徵仲太史，以醇古风流，冠冕吴趋者，几满百岁，递传而家声香远，诗中之画，画中之诗，穷吴人巧心妙手，总不出君家谱牒……"[3]

文徵明在清代因为绘画风格受到乾隆皇帝（r.1736—95）推崇而名声更盛。1765年南巡时候，他作过一首诗，诗中将文氏与当朝红人沈德潜（1673—1769）相提并论，二人皆出身于苏州的书香门第。沈德潜以诗见长，而文徵明更擅书画。江苏巡抚宋荦（1634—1713；1692—1706在任，ECCP 689—690）重建沧浪亭时，门楣上"沧浪亭"三字出自文徵明之手，看起来再自然不过了。[4] 直到今天，文徵明的书画仍广受颂扬。因为他主要通过绘画表现了苏州园林（比如第一章提到的那两幅描绘拙政园景观的作品），把他跟园林联系起来，是完全说得过去的。

然而这种合情合理的看法，我却想做一番质疑。[5] 明代的文徵明传记与现代文本不同，更关注他的诗文（主要是诗）、他的道德品格以及他那让人钦佩的不食人间烟火的高洁。我们从他儿子文彭所写的悼文中知悉，他谙熟王朝律法和官府条令，也经常被问礼者造访求教。然而不像其他的明代地主，他对家庭事务概不关心：

> 性鄙尘事，家务悉委之吴夫人；夫人亦能料理，凡两更三年之丧，及子女婚嫁，筑室置产，毫发不以干公之虑。[6]

作为文人的理想人格，"高洁"一词用在文徵明身上，再合适不过了（这个词也可以用来形容某些苏州园林内的水果作物)。这个词总是给人以优游超脱、不问世事的印象。然而正是这种对平凡琐事的疏离能让他们有机会从事和介入更有价值的事业，而这些事业能为他们带来大得多的权威和文化号召力。因此"清高"其实是一种行为方式，具体表现为漠视生活中诸如家庭营生等等俗务的存在（从明代的实际看，营生问题绝大多数情况下都与土地和土地所有权息息相关）。作为隐士的固有特征，"清高"这一概念可解读为（虽然有点牵强）一种世俗的、非超越性的"圣洁"。彼得·布朗（Peter Brown）论述过东罗马帝国古世纪末期的同一现象：

> 道人的生活，充斥着苦修者的做作姿态，这些姿态显然有违禁欲主义（作为一种持久而庄严的遁世仪式）的深层社会意义，仅仅是为了变成一个与社会格格不入的奇人。从社会关系来看，道人游离于家庭责任、经济利益之外，他对食物本身的态度，也反映出他对家族和邻里的那种亲密关系的拒斥，在近东的农村社会，这种态度往往可从吃相上得见一斑。[7]

禁欲苦修是让人不悦的，与家庭关系决裂也使人生厌，但有一些观念同样适用于明代精英阶层，尤其是非强制型权力这一概念。布朗把"圣洁"理解为一种与非强制型权力息息相关的东西。这种权力是由声望和影响力逐渐汇聚而成，小到个体行为，大到对世俗社会的干预，都可以发挥其作用。正是对日常琐事的放手，才使得"圣洁的隐士"们拥有了道德影响力："它（指描述遁世的一个专词）描述了一个自觉的、德行高尚、受过良好教育的精英积极投身于这个时代最引人关注的行动中。"[8] 没有人比文徵明更能代表明朝"清高"之士的社会实践活动，他对拙政园的创建所付出的心血比任何人都要多。

1520 年代，文徵明折戟仕途由京返苏后，闭门谢客，踏上了求取社会声望和道德权威的新征程，并最终得偿所愿。这种声望和权威正是干预社会事务所必须的，正像布朗从基督教帝国早期的隐士身上看到的，而这种权威是通过拒斥一系列琐事俗务而获得的。与隐士生活密不可分的园林，正为他们提供了远离尘嚣的修养场所。以寄居园林（事实上，这种人造景观是协调很多社会事务的产物）作为仿效归隐泉林的方式，能让精英们节省更多的时间和精力去积累

三 文氏园林

道德力量和社会影响力，而无需顶着让人反感的禁欲主义的帽子。

明代园林是一个权力场，它首先是一个权力储存之地，同时又是一个权力汇聚之地，除此之外，那种社会土壤不大可能产生别样的权力集中机制。从词源学意义上说，"园"的本义在于有围墙，这一点前人已解释得很清楚了。围墙把那些可能劫掠园主合法财产的人挡在墙外。用唐人的话略谓："用篱笆围起来就是园。"[9]分布最广的印欧语系诸语种中的"园林"一词，均以"围墙"和"阻隔"为词根[10]，这在词源意义上与汉语接近。在第一章，我以拙政园为例论述了明代园林如何通过运用特定的土地管理方法（尤其是通过造林），实现了财富创造的功能，同时它也使我们懂得，由于造园需要投入大量的金钱，园林自身就是财富。我也一直试图证明，虽然园林总是与出世和归隐息息相关，但它却是一个能为它的主人积累文化资本和道德资本的存在。园林还能为其主人提供一个与同等甚至更高一等"高洁之士"交游往还的场所，这一功能同样重要。我不把"归隐"和"隐士"视为是"中国传统文化"的永恒命题，也不想喋喋不休地重复陶渊明开创的遁世模式，相反，我认为归隐具有社会权力和文化权力的双重内涵，在文徵明时代，二者相互交织，不断变化。护雅夫（Mori Masao）在总结了其他日本学者的研究的基础上，论述了自十五世纪末开始，科举上的成功何以对一个读书人的社会地位起着愈发重要的作用，而在部分地区，尤其是农村，底层精英的重要性相对下降了：

> 总之，在十五世纪，有两种拥有土地的士绅，他们都有儒家教育背景：一种是出世型，居于乡下，以土地租税为生，他们对涉及当地公众利益的事不会冷眼旁观，置身事外；一种是缙绅，居于城市，他们耽于享乐，穷奢极欲。[11]

将士绅分为乡村利他型和城市利己型，虽有过于牵强之嫌，但与文徵明过从甚密的沈周和吴宽，的确与这两种类型颇为相似。沈周是文徵明的绘画老师，是一位没有功名的乡下底层士绅，而吴宽，东庄的主人，则是一位拥有状元头衔、社会地位很高的城市士绅，不仅拥有土地，其财富还来源于纺织业，至少最初是这样的。王献臣，拙政园主，也是城市官宦家庭出身。1506年的《姑苏志》所列之名园，与文徵明所钟情的那些园林，大致说来，是那些真正的乡下人所难以想象的不世之景，更遑论与之朝夕相处。归隐之所以被那些在政治上见过大世面的人所垂青，是因为他们有实实在在可放手的东西，而不是象征性的隐退。

文徵明的著作

文氏家族和文徵明本人涉及园林文化的具体事迹，有几种查找方法。我想采用披检他们的文集这一方法。就文徵明自己来说，因为并不是每一篇交游诗文都值得编入他的文集，所以文集所载的园林史资料肯定是不完整的，留存下来的只是其中一部分。还有，明季指代园林的专词也经常变动，有些词的使用经常出乎我们的预料之外。这意味着在梳理文徵明和他亲人的诗文集时，我几乎必然会错过某些"园林诗"。以下就是一个例子，有关拙政园的一系列作品就未收入文集。

《文氏五家集》收录了文徵明的祖父文洪（1426—1479）、文徵明、文徵明之子文彭（1497—1553）和文嘉（1499—1582）、文彭之子文肇祉（1520—1588后）。文洪的诗仅存《归得园二十八咏》[12]，这里提及的"归得园"到现在我还一头雾水。但这些诗提醒了我们，在十六世纪早期园林文化风起云涌之前就已经有园林存在了，只不过它们在规模上和内容上无法与后辈们的园林相比拟。姚绶（1422—1495）曾作过一幅画，题跋和题诗分别出自李东阳和吴宽，此画把致仕后的文洪描绘成了一位居住于乡间的隐士，这可能纯属惯常性做法，因为在文氏家谱中没有关于文洪拥有这样一处景色怡人的居所的任何记载。[13]

文徵明的《故园》一诗[14]，写于1490年，当时他只有二十岁，似乎纯属习作，但1493年的一首《谒江浦庄先生留宿定山草堂》[15]，就是应景诗的早期代表作，这类诗在文徵明和他同代人的文集中都特别突出。庄先生已不可考，而另一首《孔周池亭小集》[16]是赠给比他年纪略轻的好友钱同爱（1475—1549）的，钱氏还是文徵明二子文彭的岳父。[17]1504年所作的《顾氏香影堂有大母手植梅》一诗[18]，也赞美了亲戚家的园子。第二年（1505 年）作了《夏日饮以可池亭》和《陈氏假息庵》，这二首可能指的是同一处园子，至少属于同一家族，很有可能是他祖母家族的。[19]1506 年的《陈氏池亭纳凉》、《陈葵南酒间示余秋园八有之作即席》[20]也是指的同一家族的园子。1509 年的《游吴氏东庄题赠嗣业》[21]是他第一次光顾别的家族的园林。同年所作的《次韵王秉之新庄书事》，是一首田园诗，里面提到"千头橘和十亩鱼"。[22]1510 年的《道复西斋古石》，是写给友人陈道复的。[23]

文徵明 1511 年作了《柱国王先生真适园十六咏》[24]和《夏日饮汤子重中园亭》二首[25]，前者是献给尚书王鏊的，后者是写给一位官职低微的子重朋友的。这位朋友 1512 年还获赠了《首夏汤子重叙园亭小集》及《晚雨饮子重园亭》。[26]1512 年，文徵明还为王鏊作过一首有关园林的诗《侍守溪先生西园游集》，另一首《萧家园石壁》[27]。1513 年，有《沧浪亭》和《过吴氏文定公东庄》。[28]1516 年只有一首《九日子畏北庄小集》[29]，是有关好友唐寅的园子的。1518 年，有《游白司寇园二首》。1519 年有《徐子容园池十三首》。[30]1523 年西游南京时作了《魏国公园亭》，1524 年作了《饮宝应朱氏日涉园》。[31]

以上所列仅仅是 1520 年代文徵明写的园林诗，期间（1523—1526）还曾在京城待了三年，前一章论述的有关皇家园林的一系列诗文，正是作于此时。

1530 年，他又开始了园林诗的创作，有《二宜园图》一诗，题记明确记载了"二宜园"为无锡高官俞泰（1502 年进士；MRZJ370）所有这一事实。之后，容易识别的园林诗在文徵明的作品中变得相当少见了。直到 1549 年，他写了一首《贺东畲钱先生构别墅》。[32]1551 年，他八十一岁时写了《西园池亭》、《人日直夫东园小集》，同年二月还写了一首在王直夫的东园赏梅的诗，王直夫就是同乡王庭（1488—1571；MRZJ46），是一位成功的官员。[33]同年还写过一首《何元朗傲园》，反映了他跟年轻一代的交游关系，何元朗（1506—1573；DMB551—558）的傲园位于苏州东部华亭一带。[34]1552 年有《人日王直夫期东园看梅阻雨不果》。[35]1554 年有《上巳日袁氏园亭》和《人日王氏东园小集》，后者表明文徵明与王鏊家族的关系一直持续到耄耋之年。以上所列园林诗名录，皆出自文徵明文集，数量无疑当不只这些。他最后的诗中有一首名为《范文正手植柏》，于 1557 年为纪念宋代的范仲淹而作。范仲淹在有明一代被认为是文行轨则，是正直的典范，而文徵明后来也得到了同样的评价。

这份名录没有什么特别之处，从其他苏州精英们的文集中也能轻松收罗得到。像这样的枯燥罗列给人感觉没把诗当作文学作品，从中也看不出园主们是否接受那些诗作对园林的赞誉，但这确可为进一步的研讨提供一些启发性的思路。这32处引用，涵盖了24座各式园林，其中大部分都位于苏州，这种引用至少可以让我们领略一些词的语言学用法，尤其是很多表示"园林"的同义词。文徵明最常用的是"池亭"，这种用法出现了四次，此外还有"园池"、"园亭"、"草堂"、"庵"、"庄"和"别墅"，或者直接用"园"表示。尽管绝大多数园主都是有名有姓的特定个人，但文徵明却往往用"氏"（clan）来表示，这表明这里所说的园林，往往用来指代某个家庭，而不是一处田产。

而这份名录最让人惊讶的地方是它反映了文徵明的园林诗在人生各阶段的分布情况。早期所作大部分与亲戚家的园子有关，如钱同爱医生。接着是老一代的世交和老师，如王鏊、吴宽、白昂和徐晋。让人不解的是，1526年由京返苏后，园林诗数量剧减，题目所涉也仅仅是此前未曾咏赞的五个园子。这的确很反常。如果文氏致仕后明显处于隐居状态，又如果园林是体现这种隐居生活的关键物象符号，我们不是有理由期待出现更多的园林诗吗？我们不是也有理由怀疑园林在文徵明和他的同代人看来远非我们想象的那样，是隐居和避世的象征，而更像是一种融"世俗奢侈品"和"避世所"于一身的复杂矛盾体。一个渴望结交社会上层的强势人物的年轻人，可能更有动机去写诗咏赞这些人的园林。一旦人过中年，且对俯仰周旋于权贵间心生倦意后，文徵明已无力继续与苏州园主们频频交游，那些宴会雅集，不论大小，那些往来交际，不论剑拔弩张还是其乐陶陶，其实都是劳神耗力的。对明代隐者来说，园林是一个交织着各种复杂关系的是非之地。

文徵明所作的有关园林的散文题记或许也可以佐证这个观点。他只有两篇散文"题记"存世，记叙的都是友人之园。早期的那篇是1533年的《王氏拙政园记》，是为王献臣而作，文徵明与其渊源甚深，早在年轻时就与他相知相交，此时王献臣肯定年事已高，因为文徵明也已六十多了。第二篇是《玉女潭山居记》，玉女潭在宜兴之南二十英里处，为溧阳名士史际（1495—1571；MRZJ105）所有。史际家资甚丰（大部分慈善义捐了），即使飞黄腾达的高官显宦也不能与之相比。1534年，文徵明因丁母忧，像王献臣那样，利用这段时光设计了一处大园子。这是一处道家气息浓厚的园子，也从一个侧面反映了文徵明的文化偏好和精神气质。只是我们还不清楚建这处园子所动用的社会关系网、得到的帮助和遇到的阻碍，但他肯定动用了可称之为"文化资本和经济资本"的相关资源。毋庸置疑，文徵明在官位和家资上都无法跟王献臣和史际相比，所以没有足够的经济资本造园。但他毕竟也是大明帝国闻名遐迩的人物，而王、史（尤其是王）则相形见绌得多。我们可以看到，园林在均等化不同形式的社会地位上发挥了重要作用，它可以让一个富翁想方设法去吸引那些名震朝野的文人骚客的目光。值得注意的是，文徵明文集没有选录《王氏拙政园记》一文，可能是因为这篇文章有结交酬酢、出卖斯文之嫌，这对于以"高洁的隐士"而著称的文徵明而言，有为尊者讳的意味。文徵明文集中虽有大量相似的应景唱和之作，但那些诗作均为纪念友情，而《王氏拙政园记》盖非此类。

文氏园林

以上论述都是以单个的人作为分析对象做出的，但这些解释和结论在多大程度上是合理的，却需要打个问号。事实上，为周全计，以家族作为分析对象同样不可偏废，这也是有文献依据支持的。

文徵明和他的家族所拥有的园林究竟是什么样子？后来的传记材料出于塑造他"高洁"形象的需要，故意夸大了他的贫困：没必要按传记描述的字面意思去理解。有证据表明，文家即使不是苏州的头等富豪，也拥有相当的财产（别忘了吴夫人掌管的那些"俗务"中有一项是"购置田产"）。这方面的证据也可以从很晚出的材料中推断出来，材料虽然时代晚，但整理材料的人肯定接触过二百多年前有关文家财产的真实记录。这则材料就是1730年由文徵明八世孙文含编纂的一卷本《文氏族谱》。其中的《里市第宅方表志》是我们了解文家家产（包括园林）及其在文氏男丁中的传承过程的主要依据。[36] 家谱是某一亲属集团按辈分固化成"世系"（它往往涉及对祖辈田产的共同占有）的一个关键标志，而文家在明代并未形成这样一个"世系"。明代苏州的家谱中，真正形成"世系"的是凤毛麟角,而在宋代和清代却是通行做法。[37] 文徵明在为《陈氏族谱》所写的序中赞扬了家谱制度[38],但他自己并没有着手修谱(这事从来都由长子长孙负责)。家族内部家产的传承皆袭惯例,父亲死后,每一个男丁都可以依例分得父亲财产的同等份额。从文氏家谱中我们可以清楚地梳理出个别田宅的代际传承关系,但并非每一个家庭成员都有这么明确的记载。我们还可以看到,某些家庭成员的名气地位比其他人要大得多,但这显然与长幼排行或者功名官阶不能划等号。

家谱所记最早的宅第是文徵明之父文林的。记载如下:

> (位于)德庆桥西北。内有停云馆子(插图 32),待诏徵明亦居之,停云之名益著。

此处宅第名列 1642 年的《吴县志》的宅邸名录中,里面还载有一些涉及湖石的诗。[39] 文林的弟弟,文森也住在附近。文徵明条目中对这处宅第介绍得略详:

> 停云馆三楹前,一壁山,大梧一枝,后竹百余竿,晤言室在馆之东,中有玉兰堂,玉馨山房,歌斯楼。

这里没有提到园林,根据这则记载推断,文林的宅第占地相当小,而且以建筑物为主:修竹百株看起来也稀疏平常(插图 21)。此宅第后来为文徵明二子文嘉继承,他又在原来的基础上增建了"阴日堂"。文嘉的侄子文伯仁(1502—1575)是文徵明大哥文奎之子,家谱明确记载是他开启了择居"洞庭山韩村"(Han Village in Dongting)的时尚。后来他迁居于虎丘西山脚下。十六世纪中期,越来越多的精英士绅也从湖滨乡村搬到苏州城墙外东北角这处最受欢迎的郊区。

在文氏家族成员中,有据可查最早拥有大片园林的人是文彭长子文肇祉。文彭虽然是文徵明长子,但家谱中并未提及他的宅院,但他肯定与文嘉平分了父亲的遗产。文肇祉与他的祖辈相比,其对园林和景观的倾心投入完全处

三 文氏园林

[图32] 文徵明,《停云馆言别图》(1531年),立轴,纸本水墨设色,柏林东方美术馆藏。

于不同的层次。虽然是白身,但他也成功地由一个国子监的学生荣升为上林苑录事。在家谱中,依常例,他被冠以"上林先生"的名号。[40]尽管官卑职微,却有权出入紫禁城。1586年他致仕回籍后,成为文氏家族中第一个营建广园巨林的人。这一事实很可能再次表明,皇家园林在模式和设计灵感上都对苏州园林文化产生了重要影响。文肇祉所造之园比文家曾拥有的任何宅院都要大:

> 上林公塔影园在虎丘之麓,碧梧修竹,清池白石,极园林之盛,屋宇高爽,中有一亭,以塔影在池故名。

《文氏族谱》接着还引用了文家的远亲、后来的拥有者顾苓所作的《塔影园集》:[41]

> 公(指肇祉)于虎丘南岸诛茅结庐,名海涌山庄,凿地及泉,池成而塔影现,因更以塔影名园。

奇怪的是,对哪些是苏州及周遭地区最引人注目的园林问题上,《文氏族谱》与其他文献有矛盾之处。比如,这一处被称为"极园林之盛"的园子竟然没有被1642年的《吴县志》提及,而它的新主人(文肇祉)在园林诗上的成就除文徵明之外,几乎无人可及。他的园林诗,很多并不特指哪一处,如《园林秋夜》或《园亭》。[42]也有特指的,如《姚元白市隐园借榻》、《徐魏国园亭》(二者都位于南京)、《昆山傅氏园》(自称偶游)和《集顾文康公园亭》。[43]有几首诗作于任职上林苑时期,如《内苑》、《上林斋宿》。[44]此外,还有相当数量的园林诗是写自家园林的,字里行间流露着坐拥佳园的欣喜之情:《塔影园次皇甫司勋》《筑园于虎丘南村池中忽移塔影志喜》《葺园》,其中绝句《归来》明快简朗,四句如下:

> 归老重修塔影园,花能含笑鸟能言。只求身静心安好,不羡门前车马喧。[45]

三 文氏园林

此诗所抒，当属传统的隐逸情怀（在他很多以"归乡"为主题的诗中反复出现，几乎所有的诗都化用了陶渊明的隐逸诗名句），但毋庸置疑，这种情怀并不真挚。正如我们将要看到的，文肇祉在致仕后远未息交绝游于外界。

文肇祉有位弟弟，名叫文元发（1529—1602），曾任浦江知县，后升河南卫辉府同知，敕赠奉直大夫左春坊左谕德，兼翰林院侍讲。[46]他的居所以及居所内的衡山草堂、兰雪斋、云驭阁和桐花院，在《文氏族谱》中都有记载，而在地方志这种公共出版物中却不见踪影。文元发写过一篇重要的自传材料，对自己的家世谱系介绍尤详，但让人不解的是，他对自己居所内附属建筑的命名跟《文氏族谱》所记不一致。文元发还写过一篇《学圃斋随笔》。[47]

在文氏家族最繁荣时，曾出现过几位家族成员同时坐拥名园的盛况，只是这些成员均属出生于1550—1575年间的新生代。《文氏族谱》对此有较详细的记载。其中一处名园为文氏家族中首屈一指的政治人物文震孟（1574—1636，文元发长子）所有。他是文氏家族自高祖（1472年及第）、高叔祖（1487年及第）以来的第一位进士（1622年及第），而且还是文家历史上唯一的一位状元。本有如日的声望和似锦的前程，惜乎为"复社"成员和东林党人的身份所累而蹉跎仕路，历尽坎坷。[48]虽然最终官居礼部左侍郎兼东阁大学士（1635年），但不久就离世了。而这些丝毫无损于他的美名和为文家所带来的荣光。他是文家唯一一位死后被皇帝追封谥号的人（谥号"文肃"），也是唯一一位在《文氏族谱》中称其谢世为"薨"的人，这个字只适用于那些曾达到最高官阶的人。[49]

1642年的《吴县志》对文震孟的居所记载颇详，《文氏族谱》全文引用了这段文字：

> 文阁学士震孟宅在宝林寺东北。中有世纶堂，前为药圃，垒山池，构石经堂，青霞屿。林木交映，为西城最胜。[50]

除此之外，《文氏族谱》又对他的居所进行了进一步的说明：

> 药圃中有生云墅、世纶堂。堂前广庭，庭前大池五亩许。池南垒石为

> 五老峰，高二丈。池中有六角亭，名浴碧。堂之右为清瑶屿。庭植五柳，大可数围。尚有猛省斋、石经堂、凝远斋、岩扉。

除了这一都市园林之外，《文氏族谱》还提到他的一处似乎是位于城郊的独立馆舍：

> 竺坞考槃，依山筑舍，门临深涧，小屋数间，长廊一带。竺坞山堂在石室前，文肃孝廉时读书其中。后复构竺坞草庐、湘云馆、南云庵、浮秋濑。

文震孟的药圃原址至今仍在，不过现名叫"艺圃"，为清初的圃主所起。香草圃的名字、布局乃至规模已经面目全非，这就很难算得上是明代园林了，因为至少应如拙政园那样，某些景观名称须源自明代才行。[51] 一些明代园林或景观的名称概为园主有意而为之，这些园主往往是怀真抱素、志行高洁、青史留名的"清流"人物，他们取的那些名字或多或少都带有一点政治意味。[52] "清流"这一称谓是那些致力于反对大宦官魏忠贤（1568—1627，ECCP846—847）的士人的自称，他们在1620年代的派系斗争中发挥了特殊作用。文震孟将他的园林主厅取名为"世伦堂"，就带有明显的儒家色彩。这让我们想起"明伦堂"，它是历来为精英阶层所关注的遍布帝国各县的文庙的核心建筑。[53] 另一个显例是文震孟的"猛省斋"，"猛省"是朱熹的发明，在明代，朱熹是公认的正统儒学的代表人物。上文提到的"石经堂"，其儒家立场更是显而易见。

除了直接为近亲属的园林及其景观命名外，文震孟还曾给至少两家其他名园及景观命过名。名字用毛笔题写完后，找人按原迹刻好，再悬挂在相关建筑的大门之上。与创作园林诗文一样，题写匾额也是精英阶层之间建立襄赞、委托和联盟关系的重要手段，拥有像文震孟一流知名人物的墨宝，一直被园主们视为一种荣耀。文震孟题写的匾额有"真如小筑"，位于苏州城外的光福山，为王奇峰（音）所有。[54] 他对王心一建于拙政园旧址上的"归田园"倾力颇多，不仅起了园名，题了园匾，还与其他苏州名流一道，为园子内的其他建筑命了名。主厅"兰雪堂"就是他的佳构。

《长物志》的作者文震亨，是文震孟的弟弟，他名下有一处奢华的园林，也位于苏州城西北角，这处园林在1642年的《姑苏志》（当时文震亨还在世）和《文氏族谱》中均有记载：

> 香草垞在石马泾西高师巷内，文中书震亨即冯氏废圃以构，中有四婵娟堂、绣铗堂、笼鹅阁、斜月廊、众香廊、啸台、尧月楼、玉局斋。乔柯奇石，方池曲涧，鹤楼鹿柴，鱼床燕幕，以至纤筠弱草，盎峰盆卉，无不被以嘉名，侈为胜事。[55]

家谱中还介绍了七处其他建筑，让我们领略了这处宅院的豪华奢丽，而这种铺张正是当时的道德家们所强烈抵制的，文震亨本人在《长物志》（著此书时还非常年轻）中也斥之为"庸俗"。（下一章我们再对此书做具体考察。）

据家谱记载，第三个拥有名园的是文从简（1574—1648），尽管规模要小得多。文从简是文震孟兄弟的侄子，是文元发的长侄文元善（1554—1589）的儿子。这处园子位于桃花坞：

> 构屋三楹，仍先世堂名玉兰庭。广亩许，前植木奴（橘树）数本，后竹百竿，清荫袭人。旁辟小圃，仅二亩，名半庚园，中有烟月台、事茗斋、双树垄、涤砚池、凤尾冈、青苔路、桂巷、梅聚□、一笠庵。

1645年，满族征服苏州时，文震孟已死九年，而文震亨拒绝事清，绝食而死。文从嘉匿迹藏踪，幸免于难，但几年后也死了，玉兰庭也毁于这场战乱。据家谱记载，这些颇为重要的园林（更确切地说，居所），都没有分配给文家后人。从家谱末尾"文柟"（家谱修撰者文含的祖父）一条的"居所"部分，我们得知：

> 居待诏（即文徵明）旧馆之傍，名"小停云"。老屋数楹，纤埃不入。庭植古松一株，幽兰丛其下，窗牖靓明，几榻古雅，图书彝鼎，陈列左右。

[图33] 大学士许国（1527—1596）的石牌坊，立于1585年，位于安徽省歙县徽城镇郑村。

三　文氏园林

[图34] 佛塔，立于961年，位于苏州虎丘。

[图 35] 冠云峰，位于苏州留园。这通太湖石原在现已消失的明代徐绍朴的园林内，当时就已出名。

[图 36] 苏州网师园内的假山。约立于十九世纪末或二十世纪初。

三 文氏园林

[图37] 艾斯特庭院全景（从观月台向南望），纽约大都会艺术博物馆。此庭院由苏州工匠在现存网师园的某处庭院的基础上仿建而成。

三 文氏园林

[图38] 今日苏州园林所植双树牡丹花。这种牡丹为珍稀品种，早在十六世纪晚期的园林中就已逐步为世人所瞩目。

[图39] 今日苏州留园李子花之一种。它是专为赏花而培育的纯装饰性品种。

三　文氏园林

[图40]二十世纪八十年代苏州近郊的商业性园艺地块。这种规则的条状形态与明代的地块形态存在明显差异,但注意紧靠水道两侧的地块及其种植方式,明代的情形应与此相同。

> 性好研，蓄研十二，因名其斋曰"十二研斋"。

文氏家族的宅第史与前面章节所论及的明代园林的发展脉络大体是吻合的。明初之季的文氏家族社会地位低微，直到十五世纪后半叶从文林开始才拥有了审美性园林，而且规模也很小，景点也很单薄（文徵明的寓所只有四处），这种情况一直持续到十六世纪前半叶。但自1580年文肇祉从上林苑退休回籍以来，文氏园林在发展速度和规模上都有了长足的进步。文肇祉是家族有史以来第一个拥有真正意义上的园林的人，因为他的园子有池塘这一关键特征，这有别于植有花木的庭院。明朝灭亡前的最后一代文家人，以文震孟（其园"景色之丽，为城西之冠"）和文震亨（其园"以奢丽见称"）为代表，在园林文化史上却异军突起。他们的园林各有十处和十五处景点，而其侄文从简的有十一处。仔细考察其他明代精英们的家谱，大概也可以得出相似的结论，即，观赏性的精致园林在明末仍处于增长期，这一点已为当时无数评论家的点评所证实。

那些华丽的园林兼豪宅所费几何？可惜我们对此知之甚少，但花费巨大无疑。据资料记载，建一处池子并人造假山，耗银需几千两。奸相严嵩1562年被抄家时，他南昌的宅第估值为银7850两，而花园就占了一千两。[56]营建位于江宁的"公府花园"在1650年代需费银十万两，这笔钱由一群当地官员捐输而来，每人捐银高达三百两。[57]据此可以推测，至少对文氏家族中那些最成功的人如文震孟来说，他们的园林同样造价不菲。

文家的财富来源是田产。可因为当时的文献资料耻于谈及收入细节，他们具体拥有多少田产我们不得而知，但通过估算文献所及的田产名录，还是有可能得出一个大概的数字。《文氏族谱》中的"历代坟墓"一章除了详细记载了文家每一男丁坟墓的位置和大小外，还提到了"墓田"（其土地收入专门用来修缮维护坟墓）的数量。[58]这类土地由"坟丁"管理，家谱也列出了他们的名字。理学家朱熹的《家礼》对明代苏州像文氏家族这样的世家来说，是治家的金科玉律，里面对每一坟墓需对应多少"墓田"有如下规定：

> 初立祠堂，则计见田，每龛取其二十之一以为祭田，亲尽则以为

墓田。[59]

假设文惠（1399—1468）的"墓田"是 4.8 亩，这意味着他死后留下的田产为 4.8×20 = 96 亩，同时还意味着用以在家族祠堂祭祀他的"祭田"是 4.8 亩，这种情形一直持续到大约 1570 年代或 1580 年代"五世亲尽"后，此时"祭田"变成了"墓田"。文惠 96 亩田地的遗产也是相当可观的，正如前章所论，当时 10 亩地足以养活一家人。并非每一位已亡男丁都拥有分立的墓地，相当多的人从葬在他们的祖先旁，而他们祖先的"墓田"收入则由大家共享。文林的"墓田"约为 8 亩，说明他的遗产有地 160 亩，他弟弟文森有 5 亩，遗产为 100 亩。文徵明有"墓田"9.3 亩，遗产为 186 亩，他弟弟与他大致相当。文元发的"墓田"为明代文家之冠，为 12 亩，遗产为 240 亩。实际上，文元发在其自传中自称"吾今幸藉先人遗泽……有田三百亩，足以供朝夕"[60]，这也交叉印证了我们推论的数字。可见，这种推算方法，即便存在低估的情况，所得数字大体是可信的。在十六世纪晚期的江南，一个家庭拥有三百亩田，其收入已远远超过日常消费所需。在田产一项上，文氏家族与当时的东林党领袖高攀龙（1562—1626，DMB701—710）家族其实不相上下。[61] 我们对明代精英们所宣称的贫困苦难经历，都须作相对性的理解。炫富固然错，但哭穷同样不对。正如文元发为其兄文肇祉所作的辩白（文肇祉与文元发应该平分了父亲文彭的遗产，其实其拥有的田产与元发当在伯仲之间）：

> 居士虽生于贫素，然性不喜作寒窭态，亦不肯干乞于人。自少至老，口不言贫。衣食修洁，虽至亲密者故不知其贫生也。[62]

其园曾为文徵明所咏赞的何良俊，却鄙视那些有能力穷奢极欲却不为的人，譬如用得起金银餐具却偏偏仍用瓷制的。[63] 但在文家看来，这恰恰是他们需小心避免的僭越失礼行为。

因此，文氏家族其实相当富有，其财富来源与多数同代人一样，均来源于田产，那个时代所有关于土地和景观的言论都无法规避这一事实——否则就是言不由衷，故意掩盖他的生活方式赖以维持的土地收益的作用。

公共景观

除了拥有大量耕地和非生产性的园林用地（如前所述，尽管这些土地属于私有，但常常是对公众开放的）外，文氏家族还对明代苏州可称之为"公共景观"的场所有重要影响。可从几个方面来看：首先，他们的墓地因广为社会精英们所熟知，甚至载诸志书，所以称其为公共场所并不为过。十九世纪早期的苏州学者钱埔在一篇写明代苏州富豪的文章中，将宅第和坟墓合称"宅墓"，并把二者视作反映家庭兴盛程度的两项重要内容，给人感觉现存坟墓的数量成了衡量家族声望的主要指标。[64] 这种做法的缺陷在于忽视了生产性耕地的关键作用。某个家庭位于何处、历史名人的物质遗存（含其园林）坐落何方，往往悉备于史，而那些坐拥三万亩沃壤的家族，却屡屡不刊于书。

文氏家族的重要地位不仅仅体现于宅墓，还体现于苏州的公共景观中。其中之一就是祠堂。有明一代为纪念当地官员和已故名人而建的祠堂俯拾皆是，只是建祠必须经官方准许。只要神主的名望依然如故，祠堂就会保留，实际情况是神主如走马灯似的不停更换。[65]

苏州的祠堂中就立有几位文家成员的神龛，他们一般与其他名人同列祠中。其中最重要的一位是被苏州文氏认作先祖的南宋民族英雄文天祥。文天祥与苏州本无关系，他的加入或可印证文家的声望之隆和影响力之大。（文天祥亦血食于北京某庙中，是明代享受国祭的重要人物之一。）文天祥的祠堂，是南直隶总督谢琛（1499年进士，MRZJ886）上表奏请设立的，于1511年初建于吴县。[66] 建祠费用、祭肉、灯等必备祭品均由官府负责，由苏州知府每年两次亲自主祭。祠堂牌匾为时年四十出头的王鏊所书。

最初的文天祥祠内设有文山书院，后因空间逼仄，遂于1541年于苏州东部城区选址重建。祠堂正厅立有文天祥的石像，配有《正气歌》，由文徵明亲书。当时文徵明的名望正如日中天，罕有其匹（时年七十有余）。文姓先祖接受这样隆重而公开的祭祀，本身就反映了文家高于一般人的社会地位，他们归宗文天祥并得到国家的承认，也从一个侧面反映了他们与当权者根深蒂固的人脉关系。[67]

除文天祥外，苏州文氏成员中，供奉文徵明的祠堂有：吴县治平寺的"五贤祠"（另四位是王守、汤珍、王宠和唐寅）、尧峰山的"明贤祠"（与恩师吴宽一起）、1686年建的一座官立祠堂（与重孙文震孟一起）。供奉文震孟的祠堂还有虎丘"三贤祠"。另外，余下的文氏成员均名列苏州府学、吴县县学和长洲县学的"本乡贤才祠"中。

比祠堂更重要的是牌坊（插图33）。在旅明葡萄牙人加斯帕·达·克鲁兹眼里，牌坊是城区最引人注目的景点：

> 在大城市的所有大街上，无论这些大街为王公贵族专用还是普通的主干道，都有很多美轮美奂的牌坊，而在广州很少见到，有也不漂亮。大城市的那些牌坊，除了体积巨大、豪华壮丽和装饰精美外……建在八根很大很粗的圆柱上，牌坊横跨整座街口，主体分为中、左、右三部分，中间略大，两侧略小。八根圆柱两两成对，上置大而奇怪的木质建筑构件。顶部铺以很大的瓷瓦，这为它增添了优雅和美感。那些牌坊体量宽大，设计巧妙，站在下面可以免受日晒雨淋之苦，所以就有了很多水果、玩具和其他琳琅满目的商品货摊。[68]

立牌坊也同样需要官府批准。它们的作用与当时意大利城市中的凉廊有几分相似。这些牌坊通过提供公共空间，向世人宣示着某些家族处尊居显的社会地位。文氏家族在明代荣拥好几处这样的牌坊，所有牌坊都聚集在文家主宅（位于城西西北高级住宅区）四周的街道上。在中街路，有纪念文洪（1426—1479）、文林（1445—1499）和文森（1464—1525）的"父子济美坊"，此三人都曾荣中举人。[69]此街还立有纪念文林和文森兄弟双双高中进士的"兄弟同名坊"。文森自己被敕"绣衣坊"，暗指他的监察御史之职（绣衣为汉代说法，后世以绣衣代指监察。——译按）。"翰林坊"纪念的是文徵明任职翰林院一事。1620年代立在中街路的"信贞坊"是纪念文元发之女、姚汝辙之妻的，她的牌坊立在声名煊赫的文府，说明她的美名也泽及了娘家。（另一幢文家贞妇牌坊立于康熙年间［1662—1722］，此后文氏家道日衰，与这些象征地位的牌坊已有些不相称了。）

最后一点，文家所建的桥梁也是一种公共景观。捐资建桥一方面连通了城墙内外，便利了交通；另一方面还能在很大程度上体现出捐建人对桥的实际控制。明代苏州城的门和桥（桥有近400座之多）主要用来定位和标识方向。文徵明在他的城区寓所附近捐建并命名了驻云桥，文震孟为庆祝金殿夺魁捐建了状元桥，此桥位于吴县，与家族墓地相邻。[70]

牟复礼（Frederick Mote）在其经典论文《中国千年城市史：苏州城的形式、时间和空间概念》中论述了乡村观念对城市的支配性影响：乡村的空间观念体现在城市管理中，乡村重视集市的观念体现在城市园林中，所造成的直接后果是缺乏具有鲜明城市特征的公共空间。他写道：

> 在传统中国社会，钱财再多，再挥金如土，也不会用来修建欧洲那样的城市豪宅和园林。……中国的传统城市也不像西方那样，有高档社区和贫民窟之分。所有的居住街区都多少给人千篇一律之感，那一模一样的外墙后面，谁又能知道这些个体家庭的真实生活境况呢？结论就是，中国城市既让人啧啧称奇，又不由得让人心生真假难辨，甚至神秘莫测之慨。[71]

此文把明代中国与欧洲直接进行对比，略嫌生硬和牵强。文章认为二者在城市空间布局上迥然有异，事实上，这种不同可能被作者夸大了。从十六世纪晚期到十七世纪早期这段时间里，任何从苏州西北城区走过的人，都会确切无疑地意识到，这片区域就是达官贵人及其家族聚居的高级聚居区。上到寻古访今的社会精英，下到天天在牌坊间穿行的水果小贩，应该都可以进入这些上流阶层的豪宅丽园里一饱眼福，而他们的观感与同时期意大利大城市的广场、喷泉、宫殿和望楼给人的观感其实并无太大区别。

如果那些名义上属私有的场所在明代具有更多公共属性的话（与过去的认知相比），那些理论上存在的处于完全开放状态的公共景点，也可以被个别强势的个人或家族据为己有。在这一点上，虎丘大概算得上一个典型的案例。虎丘位于苏州城区西北，主景为建有宝塔的一座寺庙（插图28，34），除与佛寺有渊源外，虎丘还与当地最早的统治者有一段传奇故事。尽管传统上认为始建于隋（581—618），但现代考古调查表明它其实始建于公元959—961年间。[72]此庙于元代至正年间（1341—1368）重建，永乐（1403—1424）[73]、宣德（1426—1435）和崇祯（1628—1644）年间又多次重修。虎丘毗邻城墙，离中心区较远，这使它成了为苏州各界、各式人等所青睐的公共景点，以虎丘为题的诗词绘画也不计其数。袁宏道任吴县县令期间，曾这样描述过当时的盛况：

> 虎丘去城可六七里，其山无高岩邃壑，独以近城，故箫鼓楼船，无日无之。凡月之夜，花之晨，雪之夕，游人往来，纷错如织，而中秋为尤胜。[74]

前文提过，文氏家族的几位成员均在虎丘及附近建有居所。其中就有文肇祉，他撰有《虎丘志》，根据他的自序记载，此志是应一位和尚的鼓动而作。山志分四章，外加一章包括插图在内总共两页长的简介。[75]第三至第五章选编了有关虎丘的诗文，第一章则分成几个条目，如虎丘的历史、溪流、岩石、寺庙、植被、运河、与虎丘有关的人物、墓葬、高僧及著名事件。"人物"部分篇幅相对较长，因宣德年间虎丘寺重建，遂以此为界，将人物分成宣德前和宣德后。[76]值得注意的是，文氏家族成员及其亲朋故交所占比例很高，多达34人。文洪、文林、文徵明、文彭、文嘉和文伯仁、文徵明的文学老师吴宽、书法老师李应祯（1431—1493；DMB1471）、赞助人王鏊都有专条。祝允明（1461—1527；DMB392—397）的祖父和外祖父也赫然在列，祝氏是文徵明的终生挚友，也是李应祯的同窗。还有文徵明众多其他好友，如汤珍、连襟朱希周（1463—1546；MRZJ129）、杨循吉（1458—1546；DMB1513—1516）、唐寅、彭年（1505—1566；DMB1117—1118）、袁袠袁褧兄弟（1502—1547 和 1499—1576；DMB1626—1627）、黄鲁曾黄省曾兄弟（1487—1561 和 1490—1540；DMB661—665）。陆师道（1538年进士，DMB1473）是文徵明的学生。皇甫访则与志书作者文肇祉私交甚好。文肇祉所选的人物，圈子相当小，活脱脱像一个小集团的写真。想想虎丘山下如织的游人，再想想苏州当时的总人口（将近五十万人），文肇祉所列举的人物名单，并不是当时精英阶层的真实剖面，其潜台词是"虎丘确实是我们的"，择居虎丘的名人也是"我们的人"。他为这片风景胜地罩上了一张亲友关系网，目的是为了凸显文氏家族对这片土地的象征性占有。他编撰的志书是有倾向性和误导性的，不是述而不作，而是述而兼作。

四　园林之象

园林话语

可以说,"园"这个词更像是一种特定的土地用途分类方式,而不太像是一种物的名称。假设这种土地用途分类方式的划分以文字和图像所呈现的内容为依据,那么,明代有关园林的文字和图像有何特点?什么才算得上是"园林著述"和"园林图画"?如果园林不是一种在呈现它之前就已预先存在的先验观念,而是在呈现过程中逐渐被创造出来的一种事物,那么那些呈现就不能作为园林存在的"证据"来理解,而只是"包裹着一堆事物的魔囊(意指不可先入为主。——译按),这是论述只存在于话语中客体对象的前提"[1]。

最早的绘画史料所提及的绘画题材中,并没有"园林"的一席之地。[2] 正如前文所论,有关"园林"的资料散见于农学文献、家庭指南、地方志和家谱等一系列明代著述中。从考证连贯条理的标准上看,明代早期根本就没有"园林著述"。福柯的话语理论认为,"话语作为一种实践方式,系统地创造了它所言说的客体对象"[3],从这个意义上说,园林在明代早期还称不上一个言说对象。但自明代中期最晚至1620年或1630年这段历史时期,情况就不同了,"园林著述"逐渐增多,直到今天,人们还在继续研究、发掘其价值,所用的字眼也跟过去完全相同,并不为现代文本所排斥。

"园林"一旦构成一种话语形式,从字面意思上却很难想象它以前就不是。因此就有了像金学智的《中国园林美学》这样的现代专著尝试着构建园林的世系,或说园林考古学,其中的"满园春色的理论之花"一节,系统梳理了关于园林的历史著述。[4] 这本书第一次把关于园林的理论放在建筑学的背景中来考察,并指出,最早的"园林专著"根本就没提及园林。作者接着论述了各类"园记",将唐代诗人白居易(772—846)的《草堂记》、《池上篇》及李德裕(787—850)的《平泉山居草木记》作为最早的"园记"实例。在现代人眼里,这些园记开启了园林著述的先河,陈植、张公弛1983年编辑出版的《中国历代名园记选注》就收录了前述三篇文章。金学智的《中国园林美学》与陈、张的汇编在宋代(尤指十一世纪)重要园记这一问题上看法也相当一致,金氏认为园记大盛于宋,并在书中列举了十二篇,其中十篇也收录于陈、张的书中。

金氏没有继续列举明清时期的园记,而是将注意力转到了"园林理论家"身上。金氏在书中引述了宋代沈括(1031—1095)的观点,这位宋人曾列出过一份早期的园林人物名单,包括陶渊明、白居易、另一位唐代诗人李约,这些诗人都创作过抒发隐居之乐和自足之喜的诗歌。金氏还将杜绾的《云林石谱》视为宋代唯一一部园林学理论著作。这本书的序言作于1133年,但直到明代晚期才大量刊行,书中列举了不同种类的石头,并探讨了他们的不同功用。可是石谱所及的110种石头中,很多品种仅限于"适于作器皿",涉及园林石作的实际上并不很多,此书究竟属于药典类还是园林类也是值得商榷的。[5]

金学智在书中也引用了晚明时期出现的一些公认为是园林著述的作品。比如王世贞的《古今名园墅编》,这本书辑录了早期那些原文已佚但序言尚存的"园记";[6]还有文震亨的《长物志》,金氏称他为"园林美学思想家";此外还有计成的《园冶》,金氏誉之为"明代最重要、理论著述最丰的园林家",《园冶》的价值首先体现在它的"系统性",计成在这方面用力尤深。民国时期童寯的《江南园林志》与《园冶》同声相应,也十分强调"系统性"的重要性,这本书完稿于1937年,但直到1963年才得以出版。这里的"系统"一词内涵丰富,很想把它翻译为福柯所说的"话语"(discourse),因为"话语"的存无对陈述和表达而言,意义至为关键,对园林研究来说,更是如此。

金学智著述《中国园林美学》的目的正在于建立这样一个系统,这一系统不仅在过去有效(这一点已为现存的古典园林如拙政园所证实),对指导现代园林实践也不可或缺,这种一以贯之的连续性正是悠久而根深蒂固的古典传统的体现。

园记的写法

接下来，我将考察一些明代园记的修辞，主要论述明代中期的两篇园记，然后将文徵明和计成相比较，兼论晚明园记迥异的叙述策略。

明代中期的两篇园记都为文徵明所作，分别是1533年的《王氏拙政园记》和《玉女潭山居记》，后者虽无明确的纪年，但大致作于1530年代晚期也就是文徵明六十多岁时，基本是可信的。[7]我把这两篇文章并列，并非因为他们记述了同一类型的园林，一个是有围墙并以建筑物和果树为主的都市园林，一个是面积广阔、远离城市、以地质奇观和自然（或许是半自然）溪流为主要景观的乡村园林。尽管这两篇园记也曾被收录于陈植和张公弛的《中国历代名园记选注》中，但两处景点是否真的符合文徵明或是史际的"园林"观念，是值得怀疑的。然而这两篇文章无疑属于同一类型，这种类型在当时的文献目录学中已占有一席之地。"记"在私人文集中是一个常见文体。从唐代（618—906）开始，"记"这个字开始出现在新兴的旅游文学短文的标题中，这类标题经常在地名的后面加一个后缀"记"（chi），有时候标题的开头或中间还带个"游"（原文拼音为yu）字。[8]十六世纪时，"记"这种旅游文学体裁内容更个性化，甚至写自传（人生就像一段旅程）也经常用到，它把人们从历史考据的僵化思维中解放出来，借以自由地表达心声。"记"这种体裁的全部意义就在于它是一种"灵活的、无特定规则的文学形式"，适宜表达具有强烈个性化色彩的心灵剖析，也同样适宜于表达徜徉于亲朋好友的田园美景时的那种无拘无束和率真随性（如果这不算缺点的话）。

文徵明的这两篇文章清楚地反映出"记"的这种文体特点。两文开头均先交代园址，用读者熟悉的地标做参照（如《王氏拙政园记》的"界娄、齐门之间"，《玉女潭山居记》的"张员外洞东南，不过三里"）。接着点出园主，"有积水亘其中，稍加濬治"（《拙政园记》）、"整土磊石，截渠导流"（《玉女潭山居记》）。这样就开门见山地把园主和园林紧紧联系在一起，通过描述园主的行为向读者表明，这两座园林纯属个人所有，与其家族或亲友无关。（与方志中举列的诸多"某某家族园林"和那些动用了各种社会关系才建成的园林相比，其差异不言自明。）接下来，作者移步换景，按空间次序将各景观生动形象地呈现在读者面前。

请注意，我这里使用了"地点"（place）和"空间"（space）两个不同的词，其区别正如米歇尔·德塞都（Michel de Certeau）在《日常生活实践》中所定义的：地点（place），隐含着"稳定"的意味，因为两样东西不可能在同一地方。而相比之下，只有"当人们将方向（direction）、速度（velocites）、时间（time）三个变量考虑进去"的时候，空间（space）才存在。他继而解释道：

> 因此，城市规划中几何学意义上的街道，只有当有行人行于其上时，它才能变成空间。同样地，只有在由符号系统构成的印刷文本这一特定地点（place）发生认读行为时，阅读空间才能形成。[9]

空间隐含着"行动"的意味，而"行动"又需要"主体"去实施它。对拙政园来说，"游览"这一行动取决于"主体"是否有游览的机会。答案是肯定的，否则此园不会形诸文字并见载于史籍。这其实是"开放性"问题的另一种说法，正如我在前文所论，明代园林的确是对外开放的。其实用文字描述或者讲故事也算一种"行动"，只是这种行动既可以使"地点"变成"空间"，也可以使"空间"变成"地点"。就明代游记来看，描述景观只是形式，作者对生命之旅的深切感怀才是核心内容。这种写法，成功地将一系列园林景点（place）转化成了意味隽永的园林空间（space）。

德塞都所说的"地图法"（mapping）和"亲游法"（touring）是描述"空间"及"空间中的运动"的另外两种有用的方法。[10] 举例来说，"地图法"是指"威廉的卧室在我们卧室隔壁"，而"亲游法"是指"登上楼梯右拐，你就到了威廉的卧室了"。

> 换言之，描述不外乎"看"（seeing，说明某一地方的空间秩序）和"去看"（going，指亲历某一空间的行动）两种方法。前者是静态再现，后者是动态展示。

德塞都进一步指出，"看"这种描述方法主要用于科学研究，因为它持有中性的客观立场和整体性视野（totalizing vision），而"去看"更多地运用于日常生活即他所谓的"平常文化"中。

说这些与明代园记有什么关系？文徵明的《王氏拙政园记》所用的究竟是"地图法"还是"亲历法"？此记对日常生活和实践又有何启示？一位现代历史学者曾论述过中国近代早期所面临的"思维空间"淤塞的巨大困境，这种困境在宏观层面上与文风的混沌一元传统（organicist tradition）有莫大的干系，这种文风植根于大一统的中央集权政体之上，强调程式化和规范化。[11] 在这种僵化的笔触下，所有鲜活的"空间"都褪变成了干巴巴的"地点"。也许，尽管大量明代游记已经自觉采用了使景点"空间化"的叙述策略，但最终也没能为后人们所领会和消化？

拙政园的所谓"空间"首先是由王献臣本人开创的："为重屋其阳……堂之前为繁香坞"（请注意，英语中必需的代词主语在汉语文言中往往是省略的）。表示行为或动作的动词在《王氏拙政园记》中也比比皆是，如"逾小飞虹而北，循水西行，岸多木芙蓉"，"台之下植石为矶，可坐而渔，曰钓矶。往北，地益迥"，"又东出梦隐楼之后，长松数植"，"又前循水而东，果林弥望"等等。地图式的景观标注也有不少，这类标注所指引的是观者的视线而不是观者的脚步，如"又西，中流为榭"、"东岸积土为台"、"竹涧之东，江梅百株"、"圃中有亭，曰嘉实亭"。可见，从《王氏拙政园记》的描述用语上看，"亲历法"和"地图法"兼而有之，但二者都不是主要方法。此记给人的印象是，观者站在一个制高点上一个景点一个景点地持续俯瞰，间或又抬起眼来将所有景点尽收眼底。此记写景部分的最末一句就是这样，前面俯瞰地面之景，接着作者忽然抬高视线，总览了园林全景中的所有建筑：

> 凡为堂一，楼一，为亭六，轩、槛、池、台、坞、涧之属二十有三，总三十有一，名曰拙政园。

"看"（指"地图法"）和"去看"（指"亲历法"）这两种描述方法的交替变化带来了某种不确定感，这使得理解拙政园的空间结构变得十分困难。如果是站在制高点上俯视，想象一下拙政园在观者眼前一览无余，那么观者的位置在哪？拙政园又朝向哪？如果它朝向南，里面的主人是否也以南为正方向而设定景点的

四　园林之象

正确方位？如果文徵明眼中的拙政园也像地图那样采用"上北下南"的标注惯例，他所谓的"南"是否就位于地图的底端？[12] 同时，《王氏拙政园记》中方位标注方法的不统一又恶化了这种不确定性，文中既有东西南北、东北，又有前后左右，间或还用"阴阳"（河之北、山之南曰"阳"，反之曰"阴"）来表示方向。假定面前有条溪流，很难确定这条溪流的东西南北、前后左右及阴阳究竟所指何方。表面上看，《王氏拙政园记》所标注的方位明确而具体，实际并非如此，相反，我们很难仅依据他的描述而重建此园的平面图，而部分原因在于作者缺乏"边界"意识，也或许是作者有意为之。总之，《王氏拙政园记》的作者是站在"局内人"（作为园主的挚友兼亲览者）的立场来叙述的，而他未能实现从"局内"到"局外"的视角转换，为我们这些"局外陌生人"进行一番更为清晰的描述。

在我看来，这种描述方法与词源学意义上的"园"产生了某种冲突，因为依"园"的本义，围墙和边界是非常重要的。按照与《王氏拙政园记》几乎同时印行的家政手册《便民图纂》的观念，"园"最突出的特点就是拥有用荆棘围成的篱笆，似乎"边界"就是构成园内空间的最关键因素。[13]《王氏拙政园记》那样的空间描述与对财富（如水稻和其他作物）生产地那样的空间描述之间，其最大的不同就是边界设定得是否清晰，对后者而言，因内部空间绝对同质化（都是成片的农作物），外部边界的长度和走向才是人们最关心的问题，故需要加以清晰地说明。然而，另一种意义上的"边界"却是透过文字叙述传达出来的。

> 故事扮演着决定性的角色。诚然，它是在"讲述"，然而"每一句讲述却不仅仅是陈述事实"，它其实又是一种"文化创造活动"。当它把全体事实组合在一起时，一种说一不二的主宰性话语权力就会由此产生。这样，故事就创设了"空间"及其边界。[14]

即使一篇没有中心的杂乱无章的记叙文也会始终关注边界问题，哪些事项需要取，哪些需要舍，某个地方有什么，或没什么。但在《王氏拙政园记》里面，园内景观都是文徵明作为座上宾游览过的，叹赏之余，他虽欲将所有景观毕现于一区区千字之文，委实难以做到面面俱到。尽管他关注园林内部远甚于外部，可惜对内部景物的描述在一定程度上也失之飘忽不定。

以文人画美学理论衡量，含混模糊会让人反感，这个问题在中国绘画领域中体现得最为明显。与此相似，《王氏拙政园记》也存在这一瑕疵。也许有人会说，文徵明叙述策略的含糊不清，是与他同样模糊的视线相适应的，而明代绘画接受了这种模糊观念，并最终将其合法化了。对此，我略有不同意见。

在《王氏拙政园记》中，游览者绝没有求奇尚怪的倾向，《玉女潭山居记》也同样没有。尽管拙政园和玉女潭迥然有别，一个是平坦的都市园林，一个是山洞林立的山野村庐，但文徵明的游记却把它们写成了异曲同工、境味相通的隐居空间。与《王氏拙政园记》一样，《玉女潭山居记》的开头同样交代了村庐的位置及其主人：

> 溧阳史恭甫葬母山中，土人有以其地售者，恭甫喜而得之。乃疏土出石，决洼导流，剡辟蠋刈，尽发一山之胜。幽岩绝壑，灵湫邃谷，悉为标表；而兹潭实首发之。

《玉女潭山居记》也同样使用了"地图法"和"亲历法"这两种描述方法。可以说"地图法"用得更多，因为作者不是沿着自己亲历的路线而是按照视野内水流运动的方向来展开叙述的："湍流西下，折旋而南属于湾，碛石累属，如龙马下饮，如砥柱中蠹，水奔注激射如斗。"此记描写"玉女潭"的用语，词藻之华丽或甚于前者，然其机枢，却不外描写水流及其运动——如跃（leap）、迸（spray）、溅（splash）等等。与《王氏拙政园记》一样，此记末尾也罗列了那些有专门术语称谓的景点的数量，作者似乎认为，没有专名就称不上真正的景点，也没资格拥有园林空间的名分。

> 其中台榭楼阁祠宇杠梁，凡三十有一，林壑岩窦，可名者二十有三，他细琐不暇纪者，不在也。

四　园林之象

园林景观的命名

园林作为中国美学审美的传统对象，园内景观的命名是非常重要的。要全面理解十八世纪的小说《石头记》（亦名《红楼梦》）中贾家的园林，就必须搞清楚园内建筑的名称以及铭刻在楹联上的诗句的涵义，否则是不可能的。正如一位贾家成员所言：

> 偌大景致，若干亭榭，无字标题，也觉寥落无趣，任有花柳山水，也断不能生色。[15]

这并非中国独有的现象。园林铭刻也是意大利文艺复兴时期的园林实践的重要内容，当时所刻的文字往往摘自罗马农艺学家科鲁迈拉（Columella）或瓦罗（Varro）的著作。在英国十八世纪的诗人威廉·申斯通（William Shenstone，1714—1763）的李骚斯（Leasowes）园林内，35条古典文学佳句一并镌刻在一座精致建筑上以营造一种"精神性或称象征性的景观"。[16]

景观命名有一个历史传统。唐代诗人兼画家王维（699—759）绘制的《辋川图》为中国绘画树立了一个最值得效仿的典范，可是它内部景观的名称基本上都是朴素而直白的，如：临湖亭、南垞、白石滩、竹里馆、椒园等等。[17] 韩文彬（Robert Harrist）曾指出，直到北宋（960—1127）建立，更确切地说，直到园林文化在京城开封及其周边呈现扩张态势之时，对园林内部景观的命名才变得考究起来。他认为"当时出现过一阵考证训诂园林景观（如斋、亭、池等等）的名称之起源及其涵义的热潮"。[18] 那些景观名称一般被镌刻在园林的牌匾上。但是，即使在十五世纪晚期园林文化复兴的背景下，尚无明显的证据表明当时苏州园林中出现过后世园林标配的那种对仗工整的诗化楹联，而那时的园林景观之名仍是偏于简单而朴实的，并往往带有某种乡村风味：如吴宽东庄内的麦丘、菜圃、桑园等等。拙政园中的一些个体景观也仅仅是简单的事实描述，如芙蓉隈、来禽囿（苹果园）、钓碧等，这些名字在其他园林中也出现过。如"凉亭"、"暖房"之类的通称性名称，重名的可能性就更大。我们可以从文徵明的《拙政园诗三十一景图》的散文后记中获知一些拙政园景观名的来历。[19] 其中的十二首，每首都直接点明了景观名所隐含的文学典故（基本都与唐诗有关）。其中的十三首，景观的名字初看起来很简单，其实都或明或暗地带些文化典故的意味。比如玉泉，就指北京的一处名泉，园主曾一度在那里为官。还有三个我不大明白的名字可能也用典了，但我现在还没有足够的学力理解它们。

对拙政园来说，散见于诗和文赋中的那些掌故大致反映了它的演变历程。拙政园组诗的第一首《若墅堂》，有暗示拙政园建于唐代诗人陆龟蒙（字鲁望）（死于881年）旧居原址之意。陆龟蒙与友人皮日休（834—883）创造了描绘苏州美景的很多意象，这些意象为后世的作家诗人所经常借鉴和化用。陆龟蒙的的居所虽位于苏州城内，却像郊外别墅一样宽敞宏阔，文徵明在解释"若墅堂"的来历时引述了皮日休的说法：

> 昔皮袭美（皮日休字袭美）尝称"鲁望所居，不出郛郭，旷若郊墅"，故以为名。

接着，文徵明又化用了皮日休的意思，作诗曰：

> 会心何必在郊坰?
> 近圃分明见远情。

这还是"市隐"（隐居于城市）的概念。《梦隐楼》一诗重复了同样的主题，据它的诗序记载，当园主王献臣在福建官署附近的九鲤湖畔养病时，他曾反复梦到"归隐"这个词。第七首诗对王献臣赞誉更高，将他与另外两位文化名人杜甫（712—770）和苏舜钦（1008—1048，沧浪亭的始建者）相提并论。苏舜钦由开封返苏，王献臣则由北京返苏，二人均曾遭人构陷，有着相似的际遇和命运，拙政园中的"小沧浪"之命名绝非偶然。[20] 文征明的拙政园组诗化用了诸多著名诗人和隐士的典故，用以烘托王献臣的高洁人格，如第十五首明确将他与著名道士陶弘景（456—536）等量齐观。不仅如此，还有几首诗提及了水果，尤其提到水果宜作馈赠佳礼。拙政园的一些景点还巧妙化用了一些反映官场跌宕凶险的典故，如"槐幄"和"槐雨亭"取自唐代著名传奇《南柯太守传》，故事梗概是主人公梦见自己在"大槐安国"经历了种种荣华富贵后盛极而衰，醒来却发现他梦游的国度不过一蚁丘而已。文氏作《槐幄》和《槐雨亭》两诗时，正值八月，恰逢科举开考，但他已年届五旬，作这样的诗有以诗明志，从此绝意仕进的意思。第二十九首《瑶圃》是篇幅最长的诗作之一，从内容上看，除了将园林与瑶池仙境相比拟外，此诗还清楚地交代了王献臣由京返苏这一事件，并歌颂了王氏面对政治逆境宁折不弯的高贵品格。

相形之下，玉女潭中的建筑、溪流、岩石的名称中全然不见自然景物的踪迹，也没有化用那种虽绝望于政治但内心依然真诚的意象，而这类意象在拙政园中俯拾皆是。

玉女潭景点的命名方式，即便不是必然如此，也明显是参考和化用了道教神仙或得道高人的诸多典故。玉女潭传说为"玉女修炼之地"，其自然风光与张天师（与道教鼻祖张道陵有关）的道场颇为相似，也曾被文徵明的绘画老师沈周画过。[21] 其内部景点的名称都充满着强烈的道教意味，且都化用了这位玉女的传说，如玉光阁、玉阳山庄、玉虚堂、神仙居、丹房等等。八卦堂由八座小屋组成，依八卦方位次第排列，其中几间明显是用来举行宗教祭祀活动的。这些都充分说明，玉女潭的主人史际（1495—1571）是崇信道教的，但这种崇信并没有妨碍他积累大量的财富和深广的人脉。作为著名哲学家兼官员王守仁（1472—1529；DMB1408—1416）的学生，史际于1532年（嘉靖十一年）考中进士，官至春坊清纪郎兼翰林院侍书。他虽富甲一方，却慷慨好义，乐善好施，办义产扶危救困，兴义学收容贫士，1543年和1544年还曾捐赠大量粮食赈济灾民[22]，还亲自组织乡勇抗击侵扰长江下游地区的倭寇。史际七十大寿时，前来贺寿的各路名流络绎不绝。[23] 可见，尽管一派道家隐士风范，史际显然可以集结当时政界和文化界最著名的一些人物来祝贺他的生日，咏赞他的园林，这些都是他道德人格魅力和高明道术的最好注脚。

文徵明的《玉女潭山居记》正是此类酬酢性的咏赞文章。据此文记述，这块神奇的土地

> 其前未暇论，考之唐贤篇咏，玉潭之外，他固未有闻也。由唐至今八百余年，始自恭甫发之。岂天秘绝景，必待其人之贤而胜者而授之耶？

> 恭甫以粹美之质，具有用之才，不究于时，而肆情丘壑。搜奇抉异，发幽而通塞，俾伏者以显……

文章还宣称，史际将因重建"玉女潭"这一名胜而青史留名，"他时好奇之士游于斯，庶几有知恭甫者"。要是放在二十世纪末，对已普遍认同富人和名人的生活方式的人们来说，这种公然宣扬本以远离尘嚣为宏旨的归隐的做法或许不那么让人难理解。不仅如此，文徵明的这两篇散文园记，还广而告之了两种不同的归隐模式。一种是拙政园模式，它在物质上自给自足、并赋予躬耕田亩以高贵的道德色彩，这种模式最接近摒弃官场转而"采菊东篱下"的陶渊明（365—427）。史际崇拜玉女，留心丹砂，追求长生，他践行的这种更为神秘的归隐模式其实来源于陶渊明的同辈，比如陶弘景和葛洪。这两种归隐传统，即便不是由隐士个人在修炼方式上的差异造成的，至少曾一度表现出不同的侧重，直到十六世纪早期，二者在当时的文献记述中还是泾渭分明的，但随着时代的发展，它们在明代就已呈现出融合趋同的倾向，人们已不再纠结于这两种归隐模式的理想信仰之异同。山房，更多的是一种精神象征意义，并不一定实指远离城市的有形居所。

园林绘画

据现在所知，文徵明没有用画笔记录过"玉女潭"。然而，他为拙政园画过水墨画册——《拙政园三十一景图》，每一幅画对应一首配诗。这些画的排列方式跟修辞学上的连接词省略很相似，每幅画均独立成景，画面景物之间没有过渡。大致说来，《王氏拙政园记》是按行进路线逐个景点地进行介绍，也考虑到了景与景之间的空间转换。而拙政园画册则不然，各个画面之间毫无联系，截然分立。这本画册与手卷式绘画不同，手卷中的景物是连续的，共存于同一个画面结构中。手卷式绘画像前后连贯的记叙文，而画册中的作品似乎风马牛不相及，因缺失了内在的"空间"联系而成了"地点"的罗列。如果说按照《王氏拙政园记》的记述去复原还有些可能的话，按照《拙政园三十一景图》则完

[图41] 徐贲（亡于1393），《狮子林》，册页，纸本水墨。台北故宫博物院藏。

全不可能。这显然违背了作画的初衷。

其实在文徵明之前，这种把一处完整的园林分解成一些画面片段分别绘制的做法，在苏州已多次出现，如徐贲（死于1393）所作的《狮子林》册页（插图41），杜琼1443年所作的《南村别墅图》（系杜琼为陶宗仪《南村别墅十景咏》画的十幅插图）册页。[24]文徵明的老师沈周，也用这种方法绘制过《东庄图册》，这些画传给了文徵明，后又传给了文嘉，可惜后来被盗，从此湮灭人间。[25]沈周还曾于1490年代画过《虎丘十二景》（插图28），为后世苏州画家提供了虎丘的图像范本。[26]这种画册形式，包括其表现方式（二者均由沈周传授给了文徵明，而后者又将其运用到拙政园图景的绘制中），是此类绘画最突出的特点，其取景角度是从所绘景点的高处向下俯视，而苏州城区的真实地形是没法提供这样的取景视角的。

最近一段时期以来，这种视角所隐含的深意对解读欧洲近代早期的风景画变得越发重要起来。约翰·巴雷尔（John Barrell）曾指出，在十八世纪的英格兰，能提供全景式视野的自然高地总是与拥有土地的贵族相联系。这种视野隐喻着高瞻远瞩、全局在胸、见微知著等等维护贵族统治所必需的能力。拥有这种能力的人所具有的宏阔视野和深远智慧是那些眼界褊狭的人（如女人或下等人）所难以想象的。对风景的正确品位——对那些自认为他们的私利与社会的整体利益相一致的贵族地主而言——至关重要，而为这种正确品位所欣赏的正是登高望远式的全景型风景画。如果身在平地，视野受限，就无法把握事物更为宏大的结构和脉络。[27]

这对解读明代对土地（包括园林）进行的艺术创作有何助益？首先需要记住的是，所有艺术创作的产品都掌控在地主或园主手中。明朝时期的欧洲地主可能长期赞助某位画家，但不大可能让自己的土地或自己掌控的他人的土地出现在画面中，而十五世纪晚期至十六世纪早期的沈周、文徵明和其他苏州艺术家，都是货真价实的知名地主，他们大概也不愿意让自家的园林原封不动地出现在画面中吧。这些人既致力于复兴苏州的园林文化，也热衷于创制再现田园景致的全新或复活的艺术形式（比如那种各自独立成景的画册形式），他们对田园的日夕关注不经意间变成了支撑和维护其社会地位的主要方式。

在这种情况下，"高"的隐喻义与十八世纪的英国是完全一样的。"高"等

四　园林之象

价于"启发点化",唐诗《登鹳雀楼》中有一名句:

> 欲穷千里目,
> 更上一层楼。[28]

"更上一层楼",与佛理所谓的"渐次领悟"相近。文肇祉所撰的《虎丘山志》里提出了一个看法:能够环视四周全景的地方才是真正的登临佳处。它优于"深山巨流",因为深山巨流的美景不可能"一眼尽在目"[29],"一眼尽在目"这种观念与上文论述过的微型化及图景化的景观美学有关,但同时它也违背了一条广为现代人熟知的常识:中国园林景观的设计原则最忌讳一眼望去,尽收眼底,而更喜欢把一个景点(如某处园林)分解成一系列独立之景。这与文肇祉的看法明显自相矛盾。文氏所指的"环视四周全景"其实暗示着"高"。

上文曾分析过广见于明代文献的"清高"一词,字面意思是纯洁、高尚。"高士",意即"高尚的绅士",指那些德行高洁、智识不凡的人,这类词语往往是用来形容隐士的,而正是这些高贵的品质使高士们鹤立鸡群于凡俗,从而名正言顺地跻身统治者而非被统治者之列。"高"成了一种道德素质,在中国政治文化的语境中,道德操守跟统治权利同出一辙。这一点,文徵明在1543年为致仕官员刘麟(1474—1561;MRZJ860)所作的《楼居图》的画跋中已表述得很清楚了(插图22)。[30]梁庄爱伦(Ellen Johnston Laing)在研究北宋司马光"独乐园"的内部景观时(此园建于1073年,明代专职画家仇英曾于十六世纪画过它)指出,根据文献记载和相关画面描述,楼和分层的建筑在"独乐园"中频频出现。[31]她还指出,仇英在描绘独乐园手卷末端的最高建筑"观山楼"时,把它画在了很远的地方(虽然高度没受影响),以此表示这座楼的规模尺寸相比整座园林要小得多。司马光为独乐园所写的序文(由文徵明书于仇英所绘之手卷)更是明确表示,此高楼就是为了远眺洛阳周围的群山而建,就像隐士典范陶渊明"采菊东篱下,悠然见南山"那样。驻足高楼,极目四望,那种空阔辽远极易引起与这位历史名人的情感共鸣。梁认为,道家雅好山水的宗教动机在于,通过与自然美景融为一体来实现出离俗世的目的。"高"还有第三层含义,正如她所引述的:

怀古追昔是中国古典诗歌最喜爱的主题之一，这些诗的标题或诗句往往都含有登临字样，所采意象皆由远眺追思所引发，所兴之叹亦大略以山河依旧，物是人非，人生苦短，英雄迟暮为主旨。登高以望远，其实是登临此时此地之"高"，去回望历史之"远"。[32]

对历史的凭吊和追思，可为维护明代当时的封建统治提供最可靠的政治借鉴，所以这种重史的文化特色完全符合地主阶级和统治阶级的利益。也只有他们有足够"高"的资格从历史中汲取经验教训以免重蹈覆辙。他们的"高"是建立在黎民百姓的"低"之上的。正如大收藏家项元汴之孙、曾把仇英的绘画与文徵明的法书黏合为一的项禹揆 1644 年的题识所言，仇英的画"令人有潇洒出尘之想"[33]。现实中的高楼当然也很重要。归有光的《见村楼记》在描写完马鞍山"烟云杳霭，在有无之间"的美景后，接着说"今公于此山日亲，高楼曲槛，几席户牖常见之"。苏州王心一的"归田园"也有高楼矗立，其四周环侍之景，不是列仙藏形隐迹的峰峦，而是农家的糯米稻田。[34]

大约在这一时期出现了一种新的绘画形式，这种形式在表现特定人物的时候，往往以他的土地（园林是其常见形式）为背景。这种描绘形式与苏州画家群体即后世所称的"吴门画派"大有干系。他们的画作与前文提过的画册和手卷风格近似，取景角度均是从高处向下俯视。那些手卷，一般尺幅不大，所绘园主均以一处建筑为背景，这处建筑的名字又往往是园主的"别号"。这就衍生出"别号图"这种绘画类型。

这一独特的绘画类型被十六世纪晚期的绘画鉴赏家和文艺理论家张丑（1577—1643；DMB51—53）视为明代画家的一次创新。他在解释这一现象时说："古今画题，递相创始，至我明而备……明则别号，如唐寅《守耕》、文壁《菊圃》、仇英《东林》、《玉峰》之类。"[35]

园主与其园林在名字上的紧密联系是显而易见的。明代很多著名的园林完全是"园以人贵"，如"定国公徐文壁园"、"徐尚书园"等等。即使园林有自己的专名，人们也不一定用，如明代文献直呼米万钟位于北京的"勺园"为"米园"。反之，某个景点的名称也常用作园主的"号"。"号"乃明代成年男子为自己选取的名字，反映着自己的志向抱负和对某种德行智识的推崇，因而具有强

四　园林之象

烈的个性化色彩。[36]

高居翰注意到，"中国文人常用他们的堂名斋号指称自己，别人也用这些名号称呼他们"，并指出，尽管在刻画面部表情时缺乏变化，显得千篇一律，但中国文人在斋堂中的形象可视为他本人的肖像画。[37] 目前还不清楚王献臣的号——"槐雨"先用在自己身上还是先用在拙政园里的"槐雨亭"上，也许是同时使用，但"别号图"对二者的区分尽量作了模糊化处理。

正如张丑所言，绘制私人园林的现象可以追溯到元代。文以诚（Richard Vinograd）最近指出，王蒙1366年所作的《青卞隐居图》就是应赵麟所求，按照其所钟爱的卞山的真实地形所画的一幅山水画。他进一步指出，十四世纪的中国山水画已开始关注一直为过去所忽视的特定场所的真实地形，还特别关注

> 与画家本人或作品惠存者直接相关的故事背景，比如所绘景物的所有权归属，个人交游情况或家族史之类。元代文人山水画在很大程度上可称之为"园林景观画"。[38]

元代的这种园林画（大概也源自王维的《辋川图》），以朱德润的《秀野轩图》、黄公望的《富春山居图》（插图42）及王蒙的《青卞隐居图》为代表。尽管这些画作均以"山居"或"隐居"为名，但其实它们最关注的是居所之外的自然景致。人文气息体现于画面背景中，很多时候隐者本人压根不出场。唐—元时期园林景观画是以描绘自然景色为中心的，这种情形在明代发生了重大变化。[39]

以再现景观地貌为目的的绘画即使受到传统绘画美学的鄙夷，它也从未在明代完全消失。窦德士（John Dardess）向我们展示了江西泰和县的精英阶层资助成立一所山水画工学校的过程，这些画工的具体工作现已不得其详，但他们工作的中心任务是准确描绘本地区真实景观的地形地貌。这些资助者本来就没有把这类工作当成艺术创作，而仅仅是当成"大体上再现那些不可移动、又难以进入的自然风景的一种技艺，这些画作因画在纸上便于携带，可供那些背井离乡的人们寄托情感和纾解乡愁"[40]。

这种再现景观地貌的画法经常为文化中心附近的画家们所采用。葛兰佩（Anne de Coursey Clapp）对文徵明挚友唐寅的研究很好地说明了这类作品在维

系唐寅和他的大主顾王鏊（《姑苏志》的编撰者）的关系中扮演了何等重要的角色。唐寅为王鏊绘制了不少地形地貌图，其中一些更是在画名里明标为"实景"。这些画作的确体现了王鏊对故乡的自豪和爱恋，但所再现的山水风光（尤以东洞庭半岛为多），至少为他部分拥有。[41]

"别号图"的典型样式是相当标准化的，首先是一大段题跋文字，介绍景点和将要表现的主人公（二者其实是一个名字），然后是绘画本身，再后就是散文题记和数目多寡不一的诗歌。这几部分通常出自不同人之手。相对于手卷的长度，绘画部分往往像一帧册页那样短小，这样一来，无需展开整卷就能一目了然地观赏画面。这意味着，画家"有意缩短绘画的尺寸以使观赏者把目光迅速地投向画中的主人公"[42]。画中主人公的尺幅比例通常比元代的要大得多，画面多为待客场景，且常有仆人侍侧。除前代的纸绢绘画外，比现存最早的"别号图"还早约五十年的另一类工艺品也与文人逸士相知相亲的艺术题材有一定关系。这类工艺品以十五世纪早期的雕漆盒、雕漆盘为代表，这些雕漆工艺品传世较多，所雕人物的背景环境大致称得上是园林。

在示例图中（插图43），宾主在亭前相对而坐，两个仆人端着盘子将要从亭子里出来，盘子里盛着点心。右侧的显然是客人，身微侧向观众，随身携带一张古琴，宾主相谈甚欢，甚是逍遥。此件雕漆盘由新迁都城北京的一家作坊制作。这个雕漆画面与传世的"别号图"在图像学上很相似，二者的功能均可理解为精英阶层为维系关系而相互馈赠的礼物。

尽管我们尚不完全清楚雕漆盒、盘的确切用途，似乎像是用来呈献水果或甜点的盛具，这是精英阶层平时交往的重要内容。将食品送至亲友家之后，接受者并不留下盛具，而是回赠些小礼物，这些礼物多半会犒赏给跑腿的差使。尽管还不敢说漆盘上的场景是普遍现象（比如有一些是表现离别或解释诗词典故的），但还是有必要指出，大量的雕漆画都有宾主交游的场景（插图25）。理解这种场景设置的关键在于，它是精英阶层在充满不平等的社会体制中保持团结的必要社交手段。画面中主人的位置通常比客人显眼和突出，他们或坐或站，似在饮酒品茗，又像在互馈礼物。"家"和"财产所有者"在汉语中均用"主"来表示。让人颇感困惑的是，表现"家"却不用房屋内景（这不存在技术障碍）而用外景。一种解释认为，这恰恰证明了中国人"热爱自然"的民族性格，但

四　园林之象

[图42]（元）黄公望，《富春山居图卷》（局部），作于1347—1350年，纸本水墨设色。台北故宫博物院藏。

四　园林之象

[图43] 雕漆盘，十五世纪早期，红漆木胎。伦敦维多利亚和阿尔伯特博物馆藏。

这个说法绕过了一个无法回避的问题：难道这种热爱真的超越了性别、年龄、主子、奴仆这些社会范畴而不会因人而异？而真实情况是，并非所有雕漆礼盒或"别号图"上刻画的中国人都雅爱自然，只有那些坐拥园林，自然美景唾手可得的中国人才有资格。

苏州"别号图"产生初期最引入注目的地方在于它的参与者与十五世纪晚期至十六世纪早期那些复兴园林文化的倡导者完全重合。《深翠轩图》公认为是明代最早的"别号图"，这幅作品十六世纪时就已佚失，当时尚存诗文题跋，后由文徵明作《补深翠轩记图》予以补缀。[43] 现存最早的"别号图"原作名《友松图》（插图23），为一短小手卷，现藏北京故宫博物院。该手卷无作者杜琼（1396—1474）的款识，但加盖数枚钤印。杜琼是最早的"吴派"画家，也是宋代名园"乐圃"的重建者，更是明代苏州园林文化复兴的参与者。[44]《友松图》中居于亭中的人身着红色官袍和官帽，一副主人的样态，如果没有张丑《清河书画舫》（1616年成书）中的记载，我们都无从得知此人的身份。据张丑所记，"友松"为画中亭子之名，亦是作者姊丈魏友松（"友松"应为其字号，其本名当时就已无从知晓）的名字，他扼腕于文徵明之侄文伯仁（1502—1575）的画跋仅言及此画的风格类型，但未涉及其创作背景和"友松"的含义，并感慨"当有诗，不知何缘脱落，尚赖刘完庵长句具存，足称艺林双璧也"。

可见，到1616年，此类鉴赏性著作的关注重点已从"别号图"中的主人公转到了艺术家本人。因为依照惯例画家仅需在此类绘画上签名，无需题写画面内容，一旦画跋或诗歌这些佐证材料湮佚，画中主人公的身份就无从查考了，当然多数情况下这种绘画样式会提供足够的信息来确定（至少能大致确定）主人公的真实身份。杜琼的《友松图》既不是他姊丈的肖像画，也不该被看成是魏友松园林的地貌复原图。这幅画的主题是"友松"这个别号，不是为了忠实呈现园林的外在形态，而是为了表现此号的内在深意。不过，这幅画还是保留了部分实景元素：松树荫蔽下的建筑，置于石质方桌上的矮松盆景。明代绘画的有效性或者说对有形景观的精确再现是一个很复杂的问题，尽管同质化严重的精英艺术理论家们的著作曾反复探讨这一主题，但无疑没有形成一个统一的观点。

从十六世纪晚期开始，创作"别号图"变成了一个普遍现象。刘九庵（1915—1999）在其一篇论文中列举了三十幅此类作品，考虑到葛兰佩（Anne de Coursey Clapp）仅从著录过的五十七件唐寅作品中就拣选出十二幅"别号图"（这些画的标题或题跋或明或暗地表示它们是特殊场合下为向特定的个人示敬而作[45]），实际数量当远远不止三十这个数字。唐寅的情况可能比较特殊，因为他靠卖画为生，但他的画同样重要，因为它们更多地是作为维系社交网的媒介而存在，而不仅仅是赤裸裸的商品。沈周的《邃庵图》作于1500年，上有吴宽和李东阳的题识，是为纪念杨一清而制。杨一清与吴宽系同科进士，与他毗邻而居（大致也在苏州城东北角，离东庄很近）。刘文列举了文徵明的八幅别号图（这绝非文徵明所作别号图的全部），这充分说明了文徵明的交际之广。其中一幅《东园图》，为1530年为徐达的五世孙定国公徐泰时所作。尽管《文徵明传》声称其不事权贵，但与权贵的交往并不是都能回避的，对于那些守身如玉、志行高洁的人来说同样如此。

这些作品的共同点在于对标题所指的斋堂居所的主人进行了重点刻画，而这些建筑之外的空间多为空白。这一点可从杜琼的《友松图》和文徵明的《真赏斋图》中窥得一斑。后者有两个版本，分别作于1547年和1559年（此年文徵明去世），系为其好友、收藏家华夏（活跃于1514—1559年）绘制的。[46]就像拙政园也有两版图册一样，这些同一主题的不同版本真迹的创作更可能是出于偿还未尽的雅债的目的，而不是出于竭力追求艺术上尽善尽美的需要。

在处理内在与外在、园林景观与纯自然景观的关系方面，十六世纪的苏州画家更强调前者，这与宋元时期的情形完全相反，宋元时期最重要的表现内容是纯自然的山水。虽然"别号图"并不能代表苏州画家的全部作品，但是它的崭新面貌却意味着画家对园主与园林的关系产生了新的看法。由园林与园主同名就能看出，二者的关系较之前代更紧密了。这很可能与十六世纪的精英思想家愈发关注人本身这一哲学事实有关。明代中期如雨后春笋般地涌现出了许多自传体著述，这与同期绘画以一种匠心独运的人造风景为背景对园主个人的肖像进行重点刻画有着必然的内在联系，而且这些肖像画都拥有上流社会男性所特有的一种特立独行、雍容散淡的精神气质。

更值得注意的是（至少对"别号图"而言），在绝大多数情况下，画家要比画中的主人公有名得多。很多画中的主人公已湮灭无闻，或者即使有名有姓，也没有在浩如烟海的同期传记文献中（如明代地方志）留下任何蛛丝马迹，更无著述传世。这与别号图创作当年的情形是完全相反的,当时画家即便在精英阶层中颇负盛名,但较之于画中主人,其社会地位还是略逊一筹的。从更宏观的视野上看,十六世纪的园林设计理念由强调生产功能逐渐转向审美功能的变迁,是与绘画领域由关注园主人完全逐渐转向画家本人基本同步的,这一点至少是有一定道理的。人们是因为《真赏斋图》是文徵明的手笔才愿意解囊购买,而不是因为它与收藏家华夏有关。如果张丑之流所言非虚,那么可以推论这个进程或说这种变迁到十六世纪末就已经发生了。在经济资本与文化资本的交换关系日趋明朗的同时,艺术与丰富的社会内容日渐脱节,艺术家们对审美性园林和园林绘画的经济依赖关系也愈发明显。

不少画家除了以卖画为生别无选择,他们名不见经传,社会地位很低。但也有很多画作及其同等甚至更为重要的题跋,均出自名人之手,这些人远离市井铜臭,故能成其名。当然,名人与名人之间也并不是平起平坐的,年齿、官阶(如果有的话)和门第都是评估其地位高下的重要因素。这也为我们考察那些表现园林风光的"别号图"提供了一个思维方法,这些"别号图",就像园内所种的果树一样,也明显存在优劣高下之别。

有关礼物的人类学解释,一般都源自法国人类学家马塞尔·莫斯(Marcel Mauss)的说法。他强调指出,礼物能创造关系,送礼是为了引发对方回礼从而建立一种过去从来不存在的新联系。某一现代著述对马塞尔的观点稍稍做了点改动,它的观点或许更适合中国的情形:

> 这类送礼行为与其说为接受者创设了债务(马塞尔的观点),毋宁说创设了一种人情债。或者,馈赠礼物仅仅是一种形式,核心目的是为了清偿过去所接受的某种恩惠。[47]

所以,园林绘画、自由出入私园的特权、馈赠自家园林出产的某种农产品,以及其他的交往形式(最值得一提的是交换女婢),这些事实片断为我们勾勒出了将苏州精英们凝合在一起的社交关系的大体轮廓,整个社交关系并非服气餐霞那样不食人间烟火,而是交织着请托、襄赞、借贷等诸多关系的动态的人际网络。文徵明为华夏绘制《真赏斋图》不是为了建立一种先前不存在的新关系,而是为了固化已有的关系，这种关系的确切含义及内在的权力结构如今已彻底消失在历史的风尘中。可是，礼物在晚明财产法中的地位是不明确的，它的归属权从未与馈赠者完全割裂过[48]，从这个意义上说，马塞尔的债务说仍然有其合理性。正因为如此，作为礼物，"别号图"既可以充当反映馈赠者与接受者关系紧密程度的依据，也可以视为连结二者的关系纽带。过去我在强调应该重视物质文化的细节时说过："即便从理论上说，重要性也不过是人类赋予事物的东西，而从方法论的角度上说，要阐释清楚社会和人文领域的具体问题，唯有对运动变化中的事物进行微观的细节分析才能做到。"[49]

正如我们所看到的，当这些绘画以"艺术作品"的身份进入市场，它们就迅速地从它们赖以产生的社交关系中脱离出来，并为还原一个"真实的文徵明"提供了历史凭证。园林逐步进入美学领域的过程，是与园林形貌的变化相始终的，这一点在园林著述和园林绘画中表现得尤其明显，即使那些简陋粗糙的园林绘图范本从长远来看也发生了显著变化。宋代地图用池塘（通常是长方形）和树林表示园林；清代的苏州地图则通常用堆石而成的"假山"和建筑物来表示。"园"已从一片树林变成了一个由假山和亭台组成的地方。这种转变只是到了十六世纪才发生。

至十六世纪末，很多一百年前所首创或复兴的园林呈现方法仍有其生命力，尽管它们所表现的对象与东庄那样的园林大相径庭。因为这些园林在很大程度上是依照从绘画表现传统中衍生出来的美学构思方法来塑造的，当时不求形似，不重视地貌景观的精确性的绘画理念正占据支配地位。尽管这种绘画理念在艺术史文献中成了一种通行说法，但我们还是不敢说这一理念为当时所有现实和潜在的艺术品买家普遍认同。我们必须接受这一事实，总会有人把这种园林绘画理解为真山真水，当然，假使没有白纸黑字的记载，我们可能也不会接受将这类绘画归入地形图的做法。例如，文徵明所作的《拙政园图册》的最初版本现已佚失，题于已佚版本的一则清代画跋曾感慨此园随着岁月流逝，原貌尽失，而图册所绘仅仅保留了1533年的原初布局。可惜他不知道，如前文所论，文徵明所绘即使保留了部分原景，他也无意将这些分散的景观连缀成可供复原的全景图。

我们也必须抵制这种想法：将所有园林绘画等同于文徵明一流的少数精英

艺术家创作并流传下来的那些绘画，而对那些散见于明代地方志等其他不大知名的文献中的园林地图或插图视若无睹。要理解那些一直为少数人所关注的作品多么典型或多么不典型，我们需要从整体上把握明代的"视觉经济"，虽然目前手头尚乏资料予以说明。这里有必要探讨一下"绘画"（painting）与"地图"（map）的意义边界。汉语都把二者称为"图"，不仅如此，没有任何图画内容的文本也可称为"图"（如家谱中的世系图）。十七世纪的龚贤曾尝试明确区分"图"（包含地图和图表）和"画"（指具有自觉的历史传统意识的绘画，这种绘画最重要的特征是能够体现出传统美学思维的特点，而绘画题材则是第二位的）。[50] 高居翰曾把"图"翻译为"功能性图画"，大部分明代中期的园林绘画包括唐寅为王鏊所绘的那些"实景"和文徵明为王献臣所绘的拙政园图册，大概都可以归入此类。文家后辈文伯仁，据记载曾于 1561 年绘制过抵御倭寇的海防工事图卷和顾从义所筑芳园的《芳园十五景》。[51] 前者如果流传下来的话，应该是遵照地形图的规则绘制的，后者虽是艺术作品，但我们却不敢断言在作者或园主的意识里这两种风格是能够截然分开的。

有一点可以肯定，到明代晚期，园林的景观布置被视为一种重要的艺术行为。艺术鉴赏权威陈继儒（1558—1639）为某处园林所作的楹联写道：

> 主人无俗态，筑圃见文心。[52]

这种态度对清代直至今天的园林鉴赏都产生了决定性影响。十八世纪早期的李果（1679—1751）将"文心"概括为评价园林品级的核心要素。他称赏朱愚溪的"墨庄""其境若与书卷相融洽"：

> 前辈谓文人未有不好山水，盖山水远俗之物也……俗远而后可以读书研理，可以见道。[53]

这样，人文景观与自然风光在"山水"这一表现形式中融而为一。当李果评价某一园林"像画一样"时，他所指的肯定不是早先作为肖像画背景的园亭，而一定是人文气息与自然山水水乳交融的美丽画面。所以同样，当王心一以画家的口吻描述他的"归田园"时，所用辞藻术语也借鉴了十四世纪的那些绘画大师。祁彪佳对自家园林的描述所用辞藻术语更趋多元，他还把"造园技艺与医生、将军、画家和散文家的技艺相提并论"[54]。董其昌是这一观念的集大成者，作为两幅最重要的早期园林绘画（关于唐代杰出人物王维和杜甫所有的园林的绘画）的拥有者，他更是道出了"公之园可画，而余家之画可园"的豪言。[55] 至十九世纪早期，文徵明的《拙政园三十一景图》不仅被看成是此园原始风貌的最忠实呈现，而且各景点在踏春时节也会让众多游人不禁想起某幅名画。[56]

园林文本

从 1620 年起，园林在一定程度上被"山水"同化了，而园林山水画的美学品评标准也在一定程度上吸收了超越写实的那种风格理念。与此同时，在反映奢侈消费（兴起于 1590 年之后）的著述中，出现了新的园林论述方式。尽管在最早的此类著述（如高濂 1591 年所著的《遵生八笺》和屠隆的《考槃余事》）中就出现过相关论述，但在资料的丰富度和广度上没有一部能跟文震亨的《长物志》（成书于 1615—1620 年之间）相比[57]，虽然此书极少出现"园"（或它的同源词"圃"）字。然而，园林在本书中不是作为一个由诸多景点组成的有边界的建筑群而存在，它介绍的都是构成园林的一系列单体建筑或物品。本书的主要目的是以"品位为本"分门别类地对这些建筑和物品进行描述，而"雅"和"俗"是本书最关键的品位区分标准。本书开篇"室庐"一章（前文第二章曾引述过）的第一段话就以慢吞吞的批评语调向我们解释了什么是不证自明的"雅"。"室庐"章名之下将归隐的居住环境分解成了更细的门类，如门，必须"或四（扇）或二不可用六"，而且门环须用古代青铜，"用紫铜或精铁如旧式铸成亦可，黄白铜俱不可用"，"漆惟朱紫黑三色，余不可用"。[58] 作者继而依次描述了阶、窗、栏干、照壁、堂、山斋、丈室、佛堂、桥、茶寮、琴室、浴室、街径庭除、楼阁（高阁作三层者最俗）、台等等附属建筑。

禁忌和违犯是一对孪生兄弟，对《长物志》而言，文震亨所批评的正为我们理解十七世纪早期苏州园林的内部设计提供了一幅清晰的图景。他强烈批评的事物绝不会是空穴来风,很可能是当时园林设计中司空见惯的问题。在他看来,用瘦漏多孔的太湖石建成的桥是俗的,而在桥上置亭子更是忌讳,可正是这种忌讳的做法在清代却大行其道,以至于作为典型的中国元素传入了欧洲。"桥忌三环板桥,忌四方磬折",除了知道这些名目是当时的规矩准绳外,如今已很难理解其具体所指。

《长物志》第二章的"花木"部分同样采用这种将整座园林依个人之见分解成诸多组成部分并分别予以注解的做法。在开头的引言部分我们明显可以看到,种植花木的主要目的,已经不是为了食用和药用,而是为了观赏,因此:

> 草木不可繁杂,随处植之,取其四时不断,皆入图画,又如桃、李不可植庭除,似宜远望;红梅、绛桃,俱借以点缀林中,不宜多植。……他如豆棚、菜圃,山家风味,固自不恶,然必辟隙地数顷,别为一区,若于庭除种植,便非韵事。……至于艺(种植之意)兰栽菊,古各有方,时取以课园丁,考职事,亦幽人之务也。[59]

这里提到了"园丁",是《长物志》第一次出现"园"字。紧接着,作者列举了各种花和灌木,并对它们的性状和功用逐一作了注解。这些花木包括牡丹、芍药、玉兰、海棠、山茶、桃、李、杏、梅、瑞香、蔷薇木香、玫瑰、紫荆、棣棠、葵花、罂粟、薇花、芙蓉、萱花、薝葡、玉簪、金钱、藕花、水仙、凤仙、茉莉、素馨、百合、杜鹃、秋色、松、木槿、桂、柳、黄杨、芭蕉、槐榆、梧桐、椿、银杏、乌臼、竹、菊、兰等等。此书所列花木在品种数量上大大超过其曾祖父所描述的拙政园中的那些寥寥可数的普通品种。作者对各种花木的品种、颜色、性状功用、适宜栽种的地点等方面逐一进行了区分和说明。例如,牡丹和芍药不应并植一处,山茶和玉兰混种虽说"人家多以(山茶)配玉兰,以其花同时,而红白灿然",但"差俗"。[60]同样,桃柳混种也是低俗的组合。而梅花作为"幽人"(隐者)的伴侣,最为古雅,宜大量栽种,可"另种数亩,花时坐卧其中,令神骨俱清"[61]。与之相反,李树应单株种植,不可丛栽。"蔷薇木香"一条则更发人深思:

> 尝见人家园林中，必以竹为屏，牵五色蔷薇于上。木香架木为轩，名"木香棚"。花时杂坐其下，此何异酒食肆中？然二种非屏架不堪植，或移着闺阁，供仕女采掇，差可。[62]

这种对事物性状的歧视在《长物志》的手工制品、木栏和宠物鸟条目中也屡见不鲜。[63] "西湖柳"（柽柳）也因"颇涉脂粉气"而受到指摘。[64]

"酒食肆"一词也见于本书的其他章节，它与缙绅们的雅园精舍相对立，通常用来指称那种粗俗淫乱、杂乱无章的市井环境。在"兰花"一条中，文震亨指出"每处仅可置一盆，多则类虎丘花市"，而在"蔬果"一节中他宣称"酒枪皿盒，皆须古雅精洁，不可毫涉市贩屠沽气"。这充分显示出文震亨与其先祖文徵明的差异，后者对王献臣志在"灌园鬻蔬"深表赞赏，而到了1620年代，即使动一动"灌园鬻蔬"的念头也是不可接受的：

> 皆当命园丁多种，以供伊蒲，第不可以此市利，为卖菜佣耳。[65]

由上观之，当时的园林已不仅仅是一处"城市中的隐居所"，而变成了一处与都市气味迥异、为市场化商业所"俗化"了的场所。因为市场关系已经渗透到江南地区精英之间的人际关系中，上到艺术作品下到园林石作都被蚀入了一层商业色彩，所以，作为商业社会的对立面，园林的存在就变得越来越必要。买卖关系渗入园林越多，园林作为市场的绝对异己者的反抗声音就越尖利，它对世俗的抵制和歧视就越强烈。

文震亨不可避免地多次提到，高雅园林的大部分组成要素都是可以买卖的。苏州是花木培植的重要商业中心。"玫瑰"一条云"吴中有以亩计者，花时获利甚伙"，"茉莉"一条云"花时，千艘俱集虎丘，故花市初夏最盛"[66]。即使陶渊明的至爱——菊花（插图44）亦不能幸免：

> 吴中菊盛时，好事家[67]必取数百本，五色相间，高下次列，以供赏玩。此以夸富贵容则可。若真能赏花者，必觅异种，用古盆盎植一株两株，茎挺而秀，叶密而肥，至花发时，置几榻间，坐卧把玩，乃为得花之性情。

[图44] 菊花、竹石图。木版印刷,出自 1550 年的《高松菊谱》。

[171] 　　文震亨接着介绍了菊花的品种，包括可吃的在内，并列举了关于菊花栽培管理的"六要二防"之法，这种农艺知识的介绍在本书其他部分是颇为鲜见的。关注园艺技术对文人士夫而言显然是不合时宜的，这时他似乎也意识到了这一点，于是接着又说"此皆园丁所宜知，又非吾辈事也"[68]。

　　本章篇幅最长的是"盆玩"条目。[69]文震亨跟比他年长稍许的顾起元至少在一个问题上看法相反，那就是盆景，顾氏认为矮化的植物盆景是"荒唐可笑"的，而文震亨却总体上持肯定态度，而似乎尤为欣赏稍大的盆景。[70]他一反"盆玩时尚以列几案间者为第一、列庭榭中者次之"的说法，推举高约一二尺之间的"天目松"为第一，接着他又将"天目松"与著名画家笔下之松联系起来，认为马远的欹斜诘曲、郭熙的露顶张拳、刘松年（1150—1225年之后）的偃亚层叠、盛子昭（即盛懋，活跃于1310—1360年）的拖拽轩翥都能传"天目松"之神。他还描述了一种让沉香木片抽芽生花的坊间流行做法，列举了包括梅花、枸杞和水冬青在内的其他可接受的盆景植物。杭州产的虎刺，他认为"尚在雅俗间"。本条目剩余篇幅讨论了盆子类型、形状（宜圆不宜方、尤忌长狭）、岩石及摆放，并规定了"斋中仅可置一二盆，不可多列"的数量限制。

　　《长物志》"花木"一章的内容都是有关花木消费的，对栽培技术记载极少。如前文所述，掌握此类知识在他看来是有损"吾辈"之尊严的，故而他没有谈及晚明时期诸如花木的强制塑形技术，也没有提及花木的果实，因为不知所以无话可说。《长物志》关于"园艺"与"园林"的论述严重脱节，后者当时只被视为纯粹的奢侈消费物而已。第三章"水石"同样如此。"水石"一章的引言部分阐发了一些关涉自然宇宙观的宏大主题，而且还在不经意间第一次使用了"园林"这个称谓，这是他最接近园林本义的规范性表述：

[172] 　　石令人古，水令人远。园林水石，最不可无。要须回环峭拔，安插得宜。一峰则太华千寻，一勺则江湖万里。又须修竹、老木、怪藤、丑树，交覆角立。苍崖碧涧，奔泉泛流，如入深岩绝壑之中，乃为名区胜地。[71]

　　然而，"水石"一章下的各条目在介绍单体景观时，并没有体现这种宏阔的自然宇宙观，而这种观念常常为很多研究中国园林的二手文献乐此不疲地讨论和发挥。"广池"一条主张营建大池塘，面积至少十亩以上，"愈广愈胜"。池中"台榭之属"忌与"战鱼墩"（苏州俗称，即供渔人撒网捕鱼的水中土堆。——译按）相似，池岸只宜栽植垂柳，忌栽桃杏。"最广处可置水阁，必如图画中者佳"。[72] 文震亨对岩石的论述不过是对一些奇石的介绍和区分，并不涉及象征着永恒的真实或凝聚着宇宙生命力量之类玄虚的自然宇宙观。这在"品石"一节表述得很清楚了：

> 石以灵璧为上，英石次之。然二种品甚贵，购之颇艰。大者尤不易得，高逾数尺者便属奇品，小者可置几案间，色如漆，声如玉者最佳。[73]

接着，他将一些易得品排除在外，按各奇石的形状进行了品鉴，并指出"近更有以大块辰砂、石青、石绿为研山盆石最俗"。"品石"一节之后，罗列有十种奇石。作者分别对其产地、性状进行了说明，还提到（太湖石）"吴中所尚假山，皆用此石"[74]。新奇玲珑不再是衡量佳石的唯一标准，苏州近郊尧峰山新出的"尧峰石"，"苔藓丛生，古朴可爱"。[75] 而昆山石"然亦俗尚，非雅物也"。山东的"土玛瑙"十分昂贵且难得，然只可适量拥有，"斋中不可多置"，"近见人家环列数盆，竟如贾肆"[76]，就过了。

第四章为"禽鱼"，其中的"鹤"是对身处困境中的文震亨最好的比喻。在市井文化浪潮的席卷之下，高举雅文化的大旗对文氏来说是何等的孤独和无助。几个世纪以来，鹤一直是那些出脱俗世、驾鹤升仙的道德典范和宗教信徒的人格写照。文氏写道：

> 空林别墅白石青松，惟此君最宜，其余羽族俱未入品。

然而，即使被称为"君"，即使被当作超凡入圣、羽化成仙的象征，鹤仍然是一种商品。正如文震亨所言，鹤的商业化养殖已成为苏州东部华亭鹤窠村的一项主要产业，其产出可供整个江南之所需。[77] 由此可知隐士们的全套行头，都可以用钱购得。

四　园林之象

最能概括十六世纪早期和十七世纪早期园林论述方式之变化的大概要数《长物志》十二章"蔬果"部分了。因为它们已经从第二章"花木"部分的那些植物中完全分离了出来。一些同样的植物在两个地方都出现了，比如梅，在"花木"一章还被视为隐士们不可或缺的高朋雅侣，而在"蔬果"一章却变成了"虽果中凡品，然却睡止渴，亦自有致"[78]。与纯装饰性的品种一样，苏州市场上可供富有阶层消费的水果蔬菜品种也大大增加，不仅限于樱桃、桃、李、梅、杏、几种橘子、枇杷、杨梅、枣、梨、栗、银杏、本地产的柿子和菱角，还有进口的葡萄、荔枝、山东的梨、西北的苹果。美味蔬菜有五加皮（久服轻身明目）、各种豆、蘑菇、瓠、茄子、芋、茭白、白薯、油菜。请注意，在《长物志》中，曾充斥东庄的那些基本农作物如今已销声匿迹，种植水稻或其他谷物的田地也已不见于绘画，唯一保留的食材是"蔬果"，稻谷、肉类和鱼已从《长物志》所论述的那种精雅生活中彻底消失。

《长物志》中的"园林"并非是一个连续的整体存在，它将"园林"分解成不下数百种物件并依据其品位高下与不同产地进行了分类。它几乎囊括了构成晚明观赏性园林的所有组成要素。在这一点上，它跟稍稍晚出的造园专著——计成的《园冶》有所不同。

《园冶》已有英文全译本，取名为《造园技艺》（*The Craft of Garden*），喜仁龙（Osvald Siren）在其《中国园林》（1949年）一书中也曾引用过该书[79]，对其内容的讨论，本文不再赘述。《园冶》的行文方式与《长物志》一脉相承，文本的每一部分都完全独立，虽然内容上似乎并没有借鉴后者，但其编排方式却是相似的，都是将"园林"分解成数量众多的单体景观来展开。

《园冶》的作者计成是一位穷困潦倒的文人，其所属的社会阶层显然要比文震亨低。计成曾得到阮大铖（1587—1646）的资助，后者是一位重要的政治人物，但他背负着对明代覆亡难辞其咎的恶名，长期为士林所不齿。《园冶》湮没长达300多年，直至1920年代才被一名中国建筑史家发现于日本，其中阮大铖1634年为《园冶》所作的"冶叙"澄清了其出版年代，这本书在十八世纪早期就已输入日本。[80]

《园冶》的创作目的尽管还可以再讨论，一些评论家认为推销自己的造园技艺才是计成的真正目的，在他们看来，园林跟造园技艺本身就是商品，这与我过去所说的晚明时期"知识的商品化"不谋而合。《园冶》的潜在受众是那些日益富有、有财力和意愿去仿效过去只专属于达官贵人的那种消费方式的人。但文中反复强调,抱此念想的人,倘若缺乏高雅的品位,自出己意地设计建造这种园林是十分危险的。为避免出现那种尴尬局面,作者建议最好聘请一位专业的造园工艺大师予以指导。很明显这个角色非计成自己莫属。"自序"一开头,他就强调了自己的这种资格和能力:

> 不佞少以绘名,性好搜奇,最喜关仝、荆浩笔意,每宗之。[81]

这里的大师首先要精通绘画,然后用绘画般的方式一笔一划地措置安排建筑和假山之类的物质元素。如我过去所说,这是明代晚期绝对标准的园林构思和营造方式(但他较少论及植物),而此时的园林也变成了一种话语对象,也唯其如此,才可能产生《长物志》和《园冶》那样分门别类的论述方式。不必把《园冶》看作是传统造景智慧的顶峰,而应把它看作是审美品位和奢侈消费发展到特定历史境遇的一种产物。因为,如前所论,"园"这个字所指的不仅仅是审美性的景观,更是一处竞奢夸富的名利场,即便在它被当作生产性空间的情况下也是如此。

至1630年之际,我们完全可以忽略其他可能并有把握地断定,此时的"园林"变成了以假山亭阁为外在形式的纯粹艺术。而这正是计成的用武之地。《园冶》开篇就将造园与摒弃了对生产性园林进行模仿的绘画联系起来,这一点又为上述论断提供了证据。但这种纯艺术化与市场力量之间存在着不可调和的内在矛盾。所有资产,包括园林在内,其占有和转让都受这种力量的支配,即使计成营造的以自然为终极美学原则的纯艺术园林也概莫能外。

《园冶》长期被湮没(至少是鲜为人知)在一定程度上是因为它与臭名昭著的阮大铖有瓜葛。可能正因为如此,皇帝主持编修的《四库全书》没有收录此书。这显然为此书的广泛流布造成了极大的负面影响。而这一问题更深层次的答案可能还需从包括《长物志》在内的诸多晚明著作所面临的共同宿命中去探寻。这些著作的核心任务是将"消费"作为一个津津乐道的话语对象,并力图以稳定而得体的原则塑造诸多园林构成"要素"乃至整个社会秩序。而由于市场的日益发达以及随之而来的时尚机制对大量商品及知识的巨大僭越作用，这些著作的努力注定会失败。同时，回头来看，满族入侵带来的强烈政治创伤又使得这种努力变成了不务正业的雕虫小技。十七世纪晚期至十八世纪绘画领域基于具象主义战胜风格主义而产生的正统立场（也是皇家的正统观点）否定了传统田园处理方式的美学价值。即使园林的美学化进程在现实中取得了胜利，甚至直到现在我们的所有讨论都还没有超出其设定的美学框架，然而因为新王朝的知识界对旧王朝的物质文化言说方式产生了抵触和排斥，这又从物质层面上否定了传统园林。（所有这些，都是《园冶》与《长物志》之类的晚明园林文献流传不广的深层次原因。）

五　园林与数

迄至晚明，任何一处土地资产，尤其是那些可归为"园林"（因此而被列入地方志一类的文献）的资产，都可从一些不同的层面进行解读，其中一些我们已经讨论过。受古典政治经济学交易理论调整的农艺学尽管对园林的影响尤为强大，但已日益受到美学的挑战，这在论述绘画时已展现无遗。园林的公共开放与私人隐居相互冲突，有时甚至到了不可调和的程度，而在其他方面，比如对植物的论述，又使问题更复杂化了。本章将继续不避繁难，用明代的其他一些实践理论比如堪舆学（为宅第或墓地选择吉地的术数）、勘测计量学（mensuration and surveying）来对园林进行一番深入探讨。现代文献可能会将这些实践理论归为"数学"（the study of number）一类，但这个词在现代汉语中专指西方数学，如果作此翻译，会对理解明代文献造成误导。正如何丙郁（Ho Peng-Yoke）所言[1]，尽管仍有局限，但将此词翻译为"数字命理学"更让人满意，因为这个词涵盖了"预测人与自然的未来"的学问。尽管这类学问对园林文化有着极为重要的理论和实践意义，但在明代文献中却很难发现二者之间的明显联系，有足够的证据表明，"数字命理学"（即堪舆学）对园林这项资产的重要性举足轻重。这种学问遍及园林学的各个方面，它太重要了，以至于不言自明。但它又是园林研究不可回避的关键领域，所以我们只有设法从那些一笔带过的暗示或影射中寻找其踪迹才行。它以高深莫测又魅力无穷的国学典籍——《易经》（或称《周易》）为基础。《易经》的八卦和六十四卦不仅是中国"数字命理学"的基石，其义理和象数也渗透到中国传统美学的各个层面。司马富（Richard Smith）曾注意到，十八世纪的诗人袁枚（1716—1798）所造之"随园"就取自六十四卦中的"随卦"，而十二世纪早期北宋都城开封的"艮岳"也得名于"艮卦"（艮卦在方位上对应"东北方"）。[2]

堪舆（风水）与土地

现代堪舆学著作流布甚广，但在现实重要性上与明代人相比还差得远。[3] 堪舆学在明代文献中有好几个称谓，地理、堪舆是其中最经典也最广为人知的两个，它们比现代白话所说的"风水"出现频率更高。[4] 在至少一部探讨"次都"南京（尽管最早建都于此）的风水著作中，"山水"被列于首位（"山水"这个词通常译为"风景"，作绘画题材讲时尤其如此[5]）。风水和山水这两套观念在很大程度上是相互交织的。不管如何称谓，堪舆学分为两个截然不同的流派。一个传统上以福建为中心，采用宇宙学模式，依赖于堪舆罗盘（插图45）和精密推算，这个流派学问精深但不太流行。一个据称起源于江西，以解读山水地形的相地术为主，通过"穴"的选取以汇吉纳祥。[6] 堪舆学内容艰涩难懂，特别是相关文本还有意模糊作者和著述时间，这些都使得重建堪舆史变得尤为困难，想搞清楚堪舆技术的历史变迁以及堪舆实践者和消费者对它的接受情况更是不可能完成的任务。然而，有一点很清楚，宋代理学大师们的堪舆学观念是相当淡薄的，而明代精英们又几乎完全承袭了他们的哲学衣钵。堪舆风水并非异端邪说。伊沛霞（Patricia Buckley Ebrey）曾指出，朱熹对堪舆学的形上学假设总体上是接受的，因为这种假设跟他自己的宇宙观并不矛盾。[7] 但这并不等于说明人对风水学的批评声及对其功效的质疑声就减少了。这种批评和质疑事实上十分普遍。但批评和质疑并不意味着反对堪舆学赖以存在并为有教养的人们所普遍认同的宇宙观原则，至少对墓地风水而言，他们可能是深信不疑的，正如宋汉理（Harriet Zurndorfer）准确指出的那样，他们把墓地风水看成是"必要的诡异"。[8] 利玛窦（Matteo Ricci）尽管把堪舆当作迷信来排斥，但他还是被迫接受了堪舆学是"许多重要人士"从事的一门学问这一看法。[9]

福建学者谢肇淛在其随笔札记《五杂俎》中广为搜罗并评述晚明时期有关风水的奇闻异事。他是一个典型的风水怀疑论者，但他的怀疑是建立在实用主义而非理论诠释的基础之上。[10] 尽管谢氏对堪舆持批评态度（他的观点与很多学者相似，无甚新意），但在紧随其后的一段文字中，他告诉我们其实他精通堪舆学的技术语言。他懂得"葬地大约以生气为主，……龙真穴真，断无水蚁风杀之患"。堪舆学术语是一种传播很广的语言，很多受过教育的人都接触过，不

[图45] 风水罗盘，十七世纪上半叶，木质清漆。灵比（Lyngby）丹麦国家博物馆藏。

仅仅限于少数神秘的风水先生，很多证据表明精英阶层中的很大一部分人都熟悉这种语言。谢氏最尖锐的批评实际上却推翻了它自身：

> 惑于地理者，惟吾闽中为甚，有百计寻求，终身无成者，有为时师所误[11]，终葬败绝者。又有富贵之家，得地本善，而恐有缺陷，不为观美，筑土为山，开田为坡，围垣引水，造桥筑台，费逾万缗，工动十载。譬人耳鼻有缺，而雕垩为之，纵使乱真，亦复何益？况于劳人工，绝地脉，未能求福，反以速祸。[12]

《五杂俎》的堪舆部分以谢氏一位至亲的故事结束。这位亲戚是名堪舆高手（这一点尤让人感兴趣，因为这表明精英阶层的一些成员不仅掌握这一技能，还能在不借助专业风水师的情况下独立将之付诸实践），备受时人赞誉。然而他致仕回乡后：

> 筑室于西湖之上，面城背水，四面巨浸，人以为绝地，公不听也。传及子孙，贫落日甚，孤丁孑然几斩，竟不能有，鬻为宗祠。[13]

堪舆学虽艰深，但几乎不可能行之有效，因为地脉不会因它而有丝毫改变，然而阴宅和阳宅的选址却能够对某个人和他的家族造成直接和持久的影响。这些看法并不值得大惊小怪。十四世纪时，泰和县的精英们正因为害怕破坏"龙脉"，曾反对大规模开采当地的石膏矿。而据晚明文献，这类行为在当时更不稀奇。[14] 专门研究南京园林的顾起元在十七世纪早期曾将明初园林的稀缺昂贵归因于政府禁止挖池建塘，"以防损伤京城之地气"[15]。十六世纪的学者郎瑛（1487—1566；DMB791—793）也完全有可能一方面虔敬地追述"地理学"的起源，另一方面又严厉抨击"淫邪无耻的江湖术士和盲从偏信的无知百姓充斥整个国家"[16]。如果明代文献说某某人激烈反对堪舆学，他所反对的通常是那些江湖骗子（以精英们严苛挑剔的标准看，所有的职业堪舆师都有可能是骗子），而不是作为堪舆学基石的传统宇宙观。[17]

文徵明的作品也表明，他至少在某种程度上接受了那些更有古典依据的堪舆学内容，也愿意使用一些堪舆术语，即便只是以一种相当随意的形式。在描述皇家园林时，他称"万岁山"为"镇山"，"镇"这个词是堪舆学术语，也是祛邪驱鬼理论的术语。此山"在京城东北，玄武门外……其上林木阴翳，尤多珍果，一名百果园"[18]。这座依堪舆学理论选址而筑的人造山可能会让我们想起"艮岳"，它建于北宋都城开封，为徽宗为求子嗣而建。[19]"艮"这个词取自易经八卦之一的"艮卦"，由三条连续或中断的线条组成，是明代数字命理学和占卜学的基本构成单元。"艮"在《王氏拙政园记》中也出现过，正如前文所论，文徵明采用了好几种方位称谓，比如"左右"、"南北"，以及更具神秘色彩的八卦方位。

文徵明堪舆风水特征更为明显的游记无疑非《玉女潭山居记》莫属，其中"玉虚堂"部分的堪舆色彩最为浓厚：

> 周堂为八室，室三楹，依《易》卦为面势，随方署名，曰纯阳，曰中阳，曰初阳，曰循阳，曰明阳，曰通阳，曰来阳，曰升阳。[20]

紧接着，文中称"自升阳北出……"，意指八卦序列之始的"纯阳"，在罗盘的正对面，也就是"南方"。八卦有两种排序方式，以"南"为始的称为"先天八卦"，艮在"先天八卦"中对应"西北方"；以"东"为始的称为"后天八卦"，艮只有在"后天八卦"中才对应"东北方"。[21]现存一副珍贵的明代堪舆罗盘采用的是"后天八卦"的卦序，这副罗盘早在1653年就被一欧洲人收藏了（插图45）。[22]尽管文徵明没能注意到两种卦序的不同（《王氏拙政园记》和《玉女潭山居记》采用了两种不同卦序，分别用来确定方位和规划建筑布局），但这种复杂的宇宙观很可能是当时广泛传授的常识，明代学界接触此类知识比起现代学界来要容易得多得多。中国现代学界正开始抛弃对中国"迷信"的那种必欲去之而后快的烦躁情绪，越来越重视《易经》对塑造士大夫人格魅力所起的作用。

或许文徵明对"玉女潭"的另一段文字描述会给我们透露出更多的信息：

> 浮盘之南，为君阳洞。洞凡三穴，最后一穴稍深，曰白龙藏。[23]

"穴"（lair）是堪舆学指称吉地的技术术语，这类吉地又称为"龙穴"，而龙身则由上下起伏的景观地形构成。堪舆学的核心任务就是寻找"穴"，阴宅和阳宅都必须建在"穴"上才能避免灾祸。不管文徵明个人信不信，《玉女潭山居记》使用这一术语无疑会让人把它与堪舆学联系起来。

即便只是无意识地或间接地提及，高风亮节、被儒林奉为楷模的文徵明尚且与卜筮和风水方面的观念和人物多有关涉，遑论明代上流社会的普通成员？我认为当时的精英们普遍都有风水意识，普遍到了无需在传记中特意点出的程度，这种意识在多数情况下是一个学人的思想结构当然具备的东西。那么，这种无处不在的风水观念对审美性园林的布局设计和景观设置究竟有何影响？

关于风水观念和美学理念之间的联系，前人已经做了一定数量的研究，尽管这些研究主要以山水画而不是以园林地形为对象。[24] 郭乐知（Roger Goepper）曾经论述过某些宋代景观艺术专著中出现的堪舆术语之间的联系，并指出，被明人视为"南宗"绘画开山鼻祖的王维，据说曾写过一本堪舆学名著（此说可能是错误的）。[25] 韩庄（John Hay）在研究黄公望的《富春山居图卷》时（插图42），曾试图将此画所绘山水的风水观念与一本堪舆学古籍孤本联系起来。[26] 卜寿珊（Susam Bush）也指出，至少一位十七世纪的绘画理论家在其画评中使用了堪舆学的专业术语。而约翰·亨德森（John Henderson）的研究表明，从十七世纪早期开始，作为堪舆学哲学基础的互渗性宇宙观（或译为"关联性宇宙观"。——译按）受到越来越多的批判，这既是风水面临越来越多的质疑的原因所在，也是那个时代的艺术更倾向于创新求变和反对成法的原因所在。[27] 当时将山水画与景观设计合二为一的艺术主张十分引人入胜，尤其自十六世纪晚期开始，把园林视为烙有个别艺术家风格印迹的艺术是一种通行的做法，但在接受这种艺术主张之前，同样需要汇总一些证明园林与风水的关系的零星证据，这些证据绝非想象中的那么丰富和清晰。

然而，十分清晰的表述也会在文献中偶尔碰到。据1642年的《吴县志》记载，米园（Sprouting Garden）是一处占地20亩的都市园林，位于胥门内，建于早先的"绿水园"旧址上，"绿水园"为明代张士伟（音）所建，具体建成年代不详。此条记载明言，（此园）每处建筑都依堪舆原则而建，还用了"形家"这一术语。[28] 这条记载委实让人欢欣鼓舞，可惜的是，它实际上是明代苏州三志中唯一一条明确提及堪舆的园林资料,而且仅仅是提出了问题。遗憾的是,我们对园主张士伟的生平交游以及生活圈子几无所知。苏州及其周边的其他所有园林建筑史料都没有明确提及风水,难不成只张士伟一人轻信或说迷信风水?这条与众不同的记载是否说明,当大兴土木营建园林时,这种依风水原则设计景观(比如掘挖池塘或堆建假山)的做法是当时的通行做法?当然,阅读明代的建筑和木工专著——《鲁班经》时,这样的结论昭然若揭:当兴建园林而需搬运大量土方、掘池、修渠、建房(包括几层楼高的建筑和水上建筑)时,如果不把风水因素考虑进去是难以想象的。《鲁班经》中风水观念的无所不在无可置疑地表明:十六世纪的造园活动绝不会将传统的宇宙论观念或园林文化的精神/宗教维度排斥在外。然而,《鲁班经》的译者曾敏锐地指出,"很显然,'堪舆学'中的推演计算是分量很重的一块内容,而演算的过程从已完工的建筑身上是无法看到的"。接着他又说:

> 堪舆学包括"择地术"(siting branch)在内,首先是一种老规矩。它的原理和规则要求风水师、木匠和雇佣他们的主人都要进行复杂的计算,而堪舆术却总是"精确"的傀儡,因为通过复杂计算,所建屋宇既能最充分地满足主人的个人需要,又能最大限度地利用建筑空间。也就是说,即使没有堪舆术指导,同样的一座房子也完全可以建起来。[29]

这种观点看来是完全合理的,对园林而言尤其如此。小说《金瓶梅》记载了一则故事,一名风水师在开始建园之时被请来占卜以决定开工的良辰吉日,当然,他并没有插手园林设计本身。[30] 明代绘画对个别园林的描绘也没能让我们看出它的个性特征,或者堪舆学视角下的个性特征。[31] 然而不能因此就草率断定营建园林时就没有把风水因素考虑进去。

晚明时期的一些建园思想可以从《鲁班经》第三卷中窥得一二。《鲁班经》罗列了七十一首四行诗,分别对不同地点和建筑布局的优缺点进行了描述。其中一些直接与园林有关。如:

> 石如酒瓶样一般,楼台更满山。其家富贵欲一求,斛注使金银。

又如：

> 左头屋后起三堆，仓库积木固。石藏屋后一般般，潭日更清闲。[32]

插图 46 展示了常见于园林的各种奇形怪状的精致岩石，单体岩石和假山以被认为可使家庭趋吉避凶的方式安放和陈设。至少，必须避免那些与"火"有关的明显不吉的摆放形式，以避免火灾降临。

风水和美学之间的关系是柔性的，二者都把"适宜性"当作核心标准，讨论如何营建秀园丽宅时常会提到这个词。十七世纪的堪舆学著作《八宅造福周书》是这样说的：

> 屋形最紧，形象不吉，断然唯住，吉凶祸福，入眼可知。总之，方正平净，入眼好看即是吉屋，或太高，或太阔，或太卑小而局促逼迫，入眼不好看者，不吉。

该段文字尽管简单，但与同时期的《长物志》提出的看法基本相同：

> 总之，随方制象，各有所宜。宁古无时，宁朴无巧，宁俭无俗。至于萧疏雅洁，又本性生，非强作解事者所得轻议矣。[34]

谢肇淛在讨论其家乡福建的墓圹风水时曾指出，所有富人几乎毫无例外地均将美学标准置于风水标准之上，当得到一块"大体不错"的土地时，深恐它"看起来不美"而不惜工本地进行大规模修整。[35] 据谢氏描述，园主们往往"垒土山，堆斜坡，围院墙，修沟渠，建桥修台"，这些本是批评富人建园挥金如土的套话，不过也真实地反映了园主们为弥补土地的审美瑕疵而做出的努力。其实堪舆学和美学的原则对建筑、坟茔和园林三者都同样适用，这样的看法或许更有助于我们理解堪舆学与美学之间的互融互通关系。那些围墙环绕、绿树成荫的建筑、坟茔和园林一般都是为了展现家族声望、社会地位、财富以及品位而建，它们看起来大同小异也就不足为奇了。

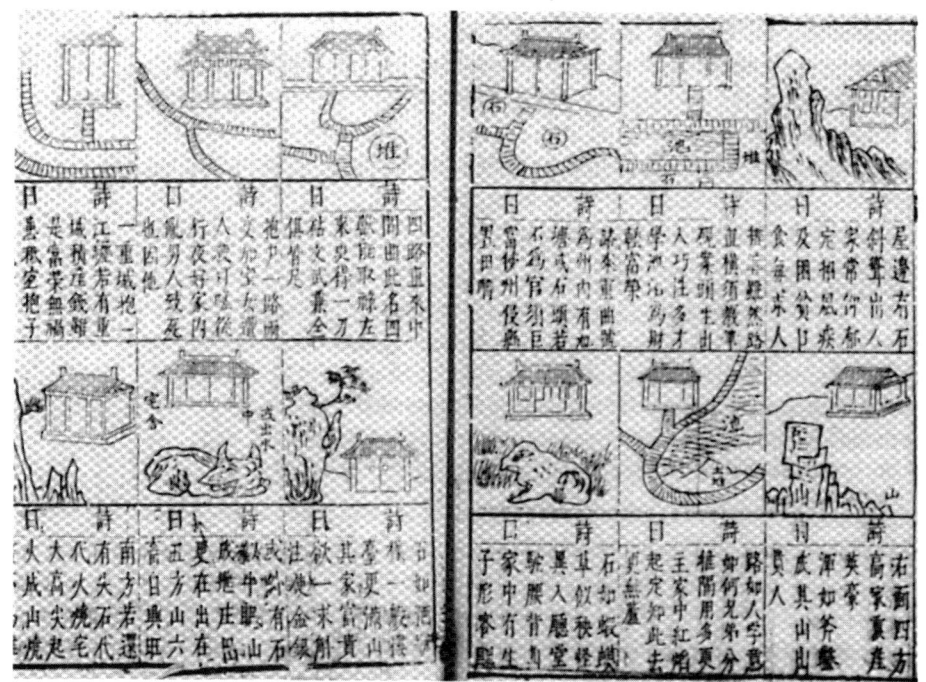

[图46] 吉凶不一的景观陈设图。木版印刷,出自《相宅造福全书》中的《鲁班经》。

五　园林与数

此类明显与造园有关的晚明文献均很少公开谈及风水。然而值得注意的是，在《长物志》"室庐"一章中，文震亨相当频繁地使用了"忌"这个词来描述那些不可接受的建筑细节或建筑布局。例如，"凡入门处必稍委曲，忌太直"。"忌"用在建筑上的次数比用在"器皿"或其他可移动奢侈品上的次数要多得多。[36] 这个词源于《易经》古文，多用于风水学专著，也常见于《鲁班经》。[37] 文震亨也使用过风水学的典型术语"穴"，他曾将隐士的居所称为"穴"。[38] 文氏极为推崇安徽灵璧县出产的灵璧石，"佳者如卧牛、蟠螭"[39]，《鲁班经》中的一首劝诫诗恰恰提到了这种形似"卧牛"的石头：

> 或外有石似牛眠，山成进庄田。更有水在丑方出，六畜自兴旺。[40]

这种一致绝不仅仅是一种巧合。由此我们看出，风水学更关注田产的生产属性，这一点，是那些美学化了的园林不便明说的，风水学只是替它说出来而已。

尽管确凿无疑的证据还很少，但我们仍有理由相信，风水学的观念和意识可能已广泛渗透到了《长物志》之类的园林文献的各个方面。也许这种观念和意识是秃子头上的虱子——明摆着，所以作者认为无须赘言。比《长物志》稍晚的《园冶》情况就不同了。《园冶》提及堪舆风水的地方也很少，且都是劝诫将来的造园者无须太把堪舆学的种种教条当回事儿的。当然，园址的选择可能会得到风水师的指点（尽管，如前文所述，堪舆术可能仅仅用来选择建园的良辰吉日，而建园基址早已因风水之外的原因选择好了）。《园冶》第一部分讲选址，标题为"相地"，而研究人脸的学问称为"相面术"，即通过观察和分析人脸的面部轮廓来算命。[41]"相地"一节有云：

> 卜筑贵从水面，立基先究源头，疏源之去由，察水之来历。

另外，在论述园林的建筑布局部分（《园冶》将其视为园林成功的最重要因素），作者还曾坚称"选向非拘宅相"。[42] 当然，没有理由认为当时的人们会把风水师的建议当成耳旁风，因为他们的堪舆术对于消解因过分强调建筑布局的审美效果而产生的种种不吉和犯忌格外地重要。然而，总的来说，《园冶》的堪舆色彩要逊于《长物志》（比如它就没有"卧牛"形的岩石），这并不奇怪，因为《园冶》强调要完全信任与风水师们截然不同的一类专家，即景观设计美学大师，当然无愧于这一称号的仍非作者本人莫属。

如前文所论，风水观念广泛存在于明代精英的思想结构中，且已经潜移默化成了一种下意识的观念。但它毕竟只是"数学"类知识的一部分。下面我们将转到"数学"的另一组成部分，并考察它对明人的土地和景观观念所产生的影响，这需要我们将视野从园林拓展到园林置身其间的更广阔的田园景观上。这一部分就是主要以平面几何为表现形式的"土地测绘术"，作为土地管理者，上至整个帝国，下至精英阶层各成员，都与之须臾不可离。数以及以数为基础的测绘术，不仅有实务价值，还具有精神层面的意义。

测绘和地图

土地所有权、赋税权以及对劳动力的控制，构成了明政权的基础。虽然明代的私人土地市场很普遍，但熟悉中国历史的人都会清楚"普天之下，莫非王土"这一经典表述，国家（体现为皇帝个人）是土地的终极所有者，它拥有定期重新分配土地的无上权力。[43] 乌托邦式的"井田制"（将土地分成大小相等的方形小地块以分给农民）被视为圣王之制，它在衰落时代不可能复兴并有效运行。而有证据表明，至少在中国华北平原，国家规定的直线型地形图（其源可溯自至少千年之前）始终在使用。[44] 中世纪的中国王朝在干旱的核心农业区有足够的能力推行某些土地管理方式（如果不称之为土地所有制形式的话），基于航拍照片的一项研究雄辩地证明了封建政权的这种强制性规范权力。这种外形的规整大概从来都不是长江下游地区土地的特征，当然十六世纪也不例外。[45] 但这并不是说苏州地区没有覆盖全境的国土测绘网（至少在概念意义上存在）。"县"一直是中国行政管理体制的基层单元，然而最近的研究表明，级别低于县的乡、都、里对组织管理社会生活所起的作用比过去认为的要大。[46] 这是因为政府接受了各地区自然地理的差异性，而没有强制实施不太可行的整齐划一的行政区划体系，因为如果强制实施，就必然会牵涉到土地的重新分配。苏州地区也并非没有发生过国家强制下的土地所有权的重大变化。作为朱元璋的皇位竞争对手张士诚的大本营，苏州曾遭到这位开国皇帝的嫉恨和歧视，建国伊始，他就没收了苏州辖区内的大部分土地为"官田"（东庄的幸存真可谓一个不可思议的奇迹），尽管事实上没有任何国家机关曾管理过它，土地租金也仅仅是与赋税一块儿混征。在明初的长三角地带，私产，用这一研究领域顶级专家黄仁宇的话说，是"无足轻重的"。然自1547年始，政府取消了"官田"，正式将土地归还给私人，这成为"明代财政史上的重要里程碑之一"。但政府同时规定，土地欠租平均分配给所有田主，这又明显增加了每亩田的地租负担，并引起了精英阶层的严重不满。[47]到十六世纪中期，新的更严苛的土地勘测登记制度更激化了这种不满。

地租显然要依土地数目为条件，这就需要对土地进行精准的勘测和登记。明代的土地登记分为两种相互补充的形式，二者都含有受勘地段的图解标识。主要用文字说明的一类称为"黄册"，记载着每一块土地的主人、赋税数量等细节；"鱼鳞图册"则将特定地带所有地块连缀地绘制在一起，彼此紧扣，形似鱼鳞。及时足额地收缴地租完全以此为凭，因此这些图册极为重要。中国明代与很多近代早期的国家一样，占有土地图籍与拥有土地权之间的关系不言而喻。位于次都南京玄武湖中间小岛上的黄册存放地，四周围墙高耸，戒备极为森严。[48]地理信息一般被看作是国家机密，即使是地方官员也只准查阅留存中央的地图备份（与留存地方的相对），且必须在严格遵守"查阅须知"的前提下。1522年，一名朝鲜翻译曾在北京的书市购得一本地理通志——《大明一统志》，此书被一名官员以"外番不得购买此类书"为由没收，他与同行的朝鲜人一并被幽禁，直到1534年才允许他们外出购物。[49]尽管我们几乎找不到那些地图在日常生活中留下的印迹，但不难猜测它们肯定是每一个土地所有者、至少也是负责其财产管理的管家的记忆图像的主体部分。我认为极有必要搞清楚各类地图（不论是个人绘制的还是"黄册"的抄件）是否为家庭所保存，它们又是如何使用的。然而它们似乎从来没有被地方官员用于解决土地纠纷，以文徵明为代表的这些退休后担任精英阶层的私人纠纷调解人时，这些地图曾否被绘制过以作为凭据？明代的私人文集和家谱中往往包含着表现他们土地资产的内容。[50]因为当时的家庭田产不太可能是那种紧凑而单一的大庄园，而往往是分散于广阔区域内的小地块。[51]有证据表明，转让大于两亩（大约四个网球场那么大）的地块就得打折出售，因为只有少部分买主能负担得起那么多的费用。自由土地市场因此更倾向于把土地分成更小的地块来出售。[52] 苏州土地事实上的纵横交错又使情况变得更为复杂。只顾眼前利益的水资源管理活动使得水灾更为频繁，破坏力也增强了，直接后果就是导致地形地貌面目全非。田园景观也因此变来变去，不得消停。假如不更新登记以及时反映这种沧海桑田的地形变动，"鱼鳞图册"将变得毫无意义。[53] 园林与其他类型的土地也绝无二致，所有权的频频变动，甚至园林地形地貌的不断变迁，都能从相关文献中找到依据。从十五世纪初开始，伴随着有产阶层向城市转移，他们对维护农用公共排水及灌溉设施已兴趣不再[54]，这又加剧了土地形态的变动不居。十五世纪晚期颁布的法令规定，水流堤坝由流经土地的所有人依其地块所摊的长度负责维护。这类土地不仅灌溉便利、壤质肥沃，而且所收谷物也易于输运，因而十分抢手。环绕土地的小溪本身也是私产，可能为仅对渔权和售卖淤泥获利感兴趣的在外业主所有。

针对这一问题，政府想以大的土地区域为堤坝维护单位的新做法，取代过去那种依据地块所摊长度维护堤坝的旧做法。这势必改变靠河与不靠河、周边地区与堤坝中心地区的地主之间、私田与官田之间的利益格局，围绕此问题的争论持续了近百年，从 1500 年开始，直到十六世纪末才尘埃落定。[55] 最终决定以区域作为维护单位。这一问题之所以迟迟未能解决，恰恰是因为建国伊始就严格实施的定期重勘土地，并如实记录于黄册的措施，极大地增强了精英阶层的区域观念和土地边界意识。全新的土地计量、勘测和登记方法意味着，土地丈量、地块的几何外观以及数字等种种精确性的观念，或已成为很多明代精英们表层意识的一部分，而传统的古典人文教育在这方面要淡薄得多。

数字的地位

受过良好教育的江南士人究竟懂得多少数学知识？或者，他们懂得什么样的数学知识？十六世纪的中国数学在目的论者看来处于一个非常黑暗的时代，相对于之前的元代数学和十七世纪对欧几里得几何和其他欧洲数学分支的引进，这一世纪处于缺乏重要学术进展的停滞期。然而，这种论调没有考虑到数学社会角色的变化,也没有注意到既有数学技术在几何学和测量学应用方面取得的进展。[56] 作为明代数学的基石,这些领域的知识占据了各类手册和教科书的大部分篇幅。情况一直是这样。[57] 然而正如赵冈所指出的,那些直到明代还在使用的数学公式未涉及不规则四边形的测量问题,而在现实中,这种不规则四边形是土地测量中最常见的问题,在中国南方尤其如此。自汉至明,计算这种形状的表面面积所运用的都是经验主义的测量方法,即将相对的两条边的和取中间数相乘。这种把四边形当作矩形来算的方法会导致面积的高估。[58] 1578年,在首辅大学士张居正的主持下,各地地方官开始依令用"开方法"丈量各自辖区内的土地。这种方法"以经围乘除,畸零截补",即将任何一块四边形的土地围以一个虚拟的矩形。长乘以宽得出总面积后,再减去多余的由矩形的两条边和土地的实际边界组成的直角三角形的面积。如此不仅方便计算,还能保证丈量结果的相对精确。这种方法相当简便,所需工具不外乎绳链或量竿,但实践证明还是太麻烦了,所以这次为期三年多(1578—1582)的田亩清丈工作之后再也没有实施过。[59]

可以想见,各级地方官对政府命令他们用新方法丈量土地的做法还是能心领神会的。如前文所论,这项工作并不需要多强的数理能力。比如,著名的清官海瑞(1513—1587;DMB474—479)尽管在数学史上无关紧要,但他在土地丈量(尤指其任淳安县令和南直隶总督期间)以及被某些深受人文主义影响的现代汉学家视为无足轻重的技术手段上所付出的精力和心血[60],充分地说明他对数学的极端重视。他所制订的《量田则例》从在空白纸上标记方向坐标开始,循序渐进地教给读者(某些可能是像他一样的地方官)丈量土地的各项步骤。其他文献中也有这类有关土地丈量的辅助性插图(插图47、48)。[61] 海瑞在苏州推行的土地丈量活动,尽管遭到了地主们(有的有官阶,有的无官阶)的强烈反对,但还是取得了相当的成功,这使得首辅张居正确信,实行全国范围内的土地丈量是可行的。但他并非唯一一个主动在辖区内实行土地丈量和测绘的官员。[62]

一位尽职尽责的官员无疑更容易遭到当地权贵阶层的反对,因为清丈土地的主要目的,不仅仅是为了增加国家的田赋收入,更重要的是为了抑制偷税漏税和均平租税负担。而关键在于防止富户把本地的全部租税负担转嫁给贫农以保证社会和谐。屠龙(1542—1605;DMB1324—1327)任西邻苏州的青浦县令时,也曾于 1578—1582 年实行过土地清丈,但受到了退休在家的首辅徐阶(1503—1583;DMB570—576)的阻挠,因为他的家族拥有大量不在册的土地,而他们不愿主动登记。县令一职最重要的任务是土地丈量和解决土地纠纷,文徵明家族的几位成员都曾担任过这一职务:文徵明之父文林,曾任永嘉、博平县令;其子文彭,曾任浙江浦江县令;其孙文元发也担任过浦江县令,他任职时正值全国土地清丈时期。文元发在其自传中曾隐晦地提及收缴地租的艰难,"地瘠民奸,好使乖弄诈",如果长官不网开一面,当地豪族会设套陷害,先贿赂,再威胁,最后控告他。当然文元发经受住了考验,最终得以全身而退。[63]

对文元发这类人和当地的豪强对手而言,计算一块土地的面积,即便不像日用技巧那么容易,也绝不是什么难事儿。丈量土地是一项必要工作,因为这样既可以满足地方官土地登记和收缴地租的需要,又可以满足私人地主买卖土地、给继承人分家的需要。数学测量与明代图像文化的关系也是一个有意思的课题。迈克尔·巴克森德尔(Michael Baxandall)曾论证过物体体积及对体积的表现是十四世纪意大利的画家和买家都关注的重要问题,那些受过数学精确测量训练的人在其中扮演了核心角色。[64] 当然不能因此就断定数学技巧在明代地主的教育中占有同样重要的地位,事实上即使明代士绅懂得一些数学知识,也很可能不过是些简单的平面几何知识。他们观察平面的方式,尤其是观察那些犬牙交错的不规则农田的方式,在他们的空间思维包括绘画空间思维中是如何呈现的是一个可望不可即的研究课题,这已超出了土地和园林景观这一中心议题的范围(插图 40)。

明人的几何意识虽然得到广泛传播(这已是极而言之的措辞),但并没有催生出伟大的数学成就,与明代任何一项彪炳史册的重大举措相比都显得相形见绌。正相反,明代数学基本是实用性的,且如前文所论,主要用于土地丈量,当然,商业社会所必备的其他类型的算术也包括在内。商业的发展意味着更多的人作更多的计算,算盘这一新工具于是应运而生。最早的算盘图样绘制于 1436 年,咏赞东庄的李东阳也曾在 1513 年的一篇文章中提到过它。[65] 李东阳与算盘一例,对所谓文人士夫唯高洁是求、耻于与数字为伍、深怕被铜臭玷污的说法格外重要,因为这证明他们对数学知识的排斥并非一开始就如此,而是特定历史时期,而且是相当近的历史时期的一种现象,而不是"中国文人"与

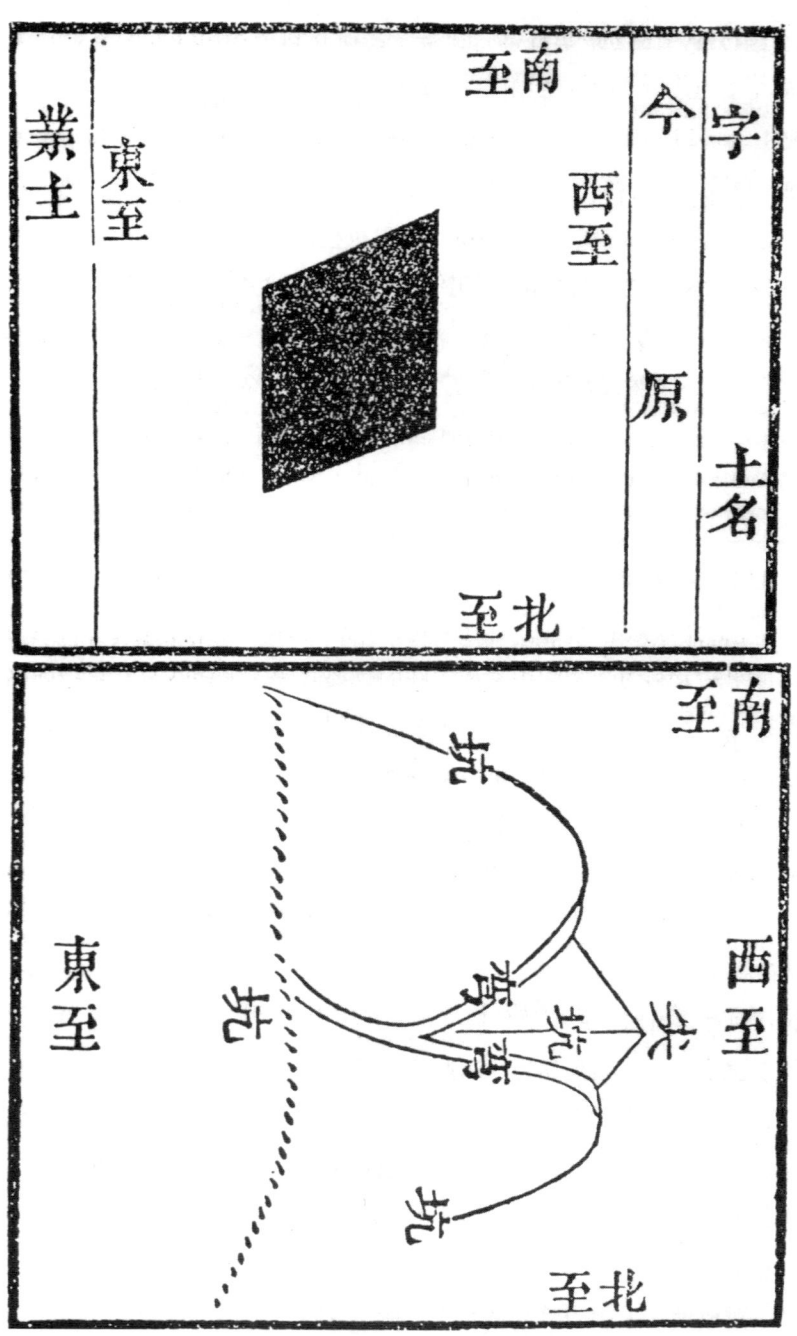

［图47］不规则地块的所有权标记方法示意图。
［图48］地块位置标记方法示意图。
二者均为版印刷，出自晚于1594年版《海忠介公文集》的《海瑞集》。

生俱来的天性。即使到了明代中期，大部分精英也没那么绝对。明人俯瞰园林，欣赏美不胜收的田园风光时，很多人估计也能娴熟地判明其面积的大小以及不规则水面和地块在其中所占的空间比例。当然，俯瞰只能反映园林院墙之外的大范围景观。

园主的美学

在明代有关景观的概念体系中，如果说"园"与"田"是相互对立的，这种说法确有其内在逻辑。"园"是一个单一概念，某家的各类"田"可能会广泛散布于"园"中，从这个方面讲，"园"与"田"是对立的，而对立就需要精确定义双方的概念边界。曾有人进一步指出，十五世纪晚期的园林，例如东庄，其建园理念就很重视果品栽植和作物产量，它是某一家族或个人散布各地的农田的一种象征集合体，与现代威尼斯作为一些地块象征中心的"内陆"（terraferma）很相似。[66] 东庄被地方志列为园林，但它从名字（"庄"与意大利语的"庄园"意思很接近）到所包含的内容（将几种农田如稻田、麦田、桑园、果园和菜园集中展现在园林这一小块区域内），都使得它成为欣赏田园风光的理想之地，而不必费力远足到郊外才能实现。"庄"和"园"都是同一类财产标识，它们的处置权（至少是正式的）都受法律和社会契约的调整和支配。这些法律和契约都是在特定历史阶段产生的，因而"财产"与"园林"一样，都同属历史文化范畴，它们的内涵随历史的转变而变化，并同样为各种相互冲突的观点所解释。

关于中国明代社会的很多二手文献都间接提到，明人的财产观念相当淡薄。舒尔曼（H.F. Schurman）的一篇常被引用的文章指出，明人缺乏可自由处置的私有产权的观念，这是中国近代早期的发展模式异于乃至落后于欧洲的关键原因之一。[67] 这个观点在很大程度上是因为他忽视了欧洲国家"私有产权"观念产生的历史背景，比如，英国直到1656年当王权的统治地位中止时才产生。[68] 作为现代性问题的至高点，土地的私有产权观念，很长时期以来一直被西方文明完全接受并视为自身独有的文化属性，这种立场在东方学者乃至现代学界的著述中成了一种代代相因的套路。[69] 牟复礼（Frederic Mote）也秉持了这一立场，这里有必要重复一下他对中国的私有产权和意大利外向型的、更具动态性的私有产权做比较研究时的一段话：

> （淡薄的产权观念）可作为明代人不愿意把大笔大笔的钱投资在家庭奢华建筑上的原因。不管中国传统精英们的生活方式是多么地奢侈无度，他们似乎从来不想以宏伟的建筑来标识自己的地位。而文艺复兴时期意大利城市中的帕拉兹（palazzi）建筑群，除具有保护贵族居所的功能外，它们似乎无时无刻不在因主人的地位和财富而互相逼视，盛气凌人，君主的建筑必须要压过伯爵、公爵的，而国王的宫殿也被迫建得更恢弘壮丽。中国社会则表现出不同的内在机制。[70]

总而言之，作者断言中国明代的富贵阶层既不愿在外在形象（例如他们宅第的外观）上也不愿在实际的公共空间上虚掷金钱：中国明代是不可能出现广场（piazze）之类的公共设施的。[71]

这种看法必然会带来一个问题：意大利近代早期的广场究竟"公共"到什么程度？对北部城市维罗纳而言，至少在十六世纪，主要广场"为维护其庄严尊贵的地位，正日益变成一个专用区域，先是货摊和长椅被禁，继而各种带轮的交通工具也禁止通行"[72]。这个姑且不论，在向路人炫示主人之地位时，罗马宫殿（不对外开放）的巍峨雄伟和太师园大门（相对开放）的奢丽壮观又有何不同？因为对十六世纪来华游历的欧洲人来说，中国达官贵人们的豪华宅邸在当时的街景中是鹤立鸡群的。最重要的是，中国权贵们的地位可以说是在竞争环境下获得的，始终处于波谲云诡、变幻莫测的政治氛围中，强势的重要人物失势失宠不过是眨眼的功夫。而处于不同等级的意大利贵族（如伯爵、公爵等），其建筑之所以"互相逼视，盛气凌人"，实是因为当时的政治体制保证了贵族阶层钟鸣鼎食的社会地位，除非发生社会动乱，否则他们的权力和地位不会受到任何挑战。而在明代中国那种风云变幻、充满竞争的社会（可称之为"近代化社会"）中，文化上的炫示和竞争所扮演的角色，与欧洲同时期相比，要重要得多。所以炫耀诸如价值连城的古画、古董那样的文化资产，或是以名园形式存在的都市地产,都是确立自身优势地位的最可靠方式之一。这种赤裸裸的夸阔斗富行为恰巧与明中期两座最著名的苏州园林的园主有关(指朱鸣虞和钱泳)。十九世纪早期的苏州学者钱泳在其《履园丛话》的《斗富》一则中详细叙述了事件的经过。康熙年间(1662—1722),"富甲三吴"的朱鸣虞,居于东庄旧址之上,左邻赵某,时任平西王吴三桂(1612—1678)侍卫[73]:

> 时届端阳,若辈先赴赵贺节饮酒,皆留量。赵以银杯自小至大罗列于前,曰:"诸君将往朱氏,吾不强留,请各自取杯一饮而去何如?"诸人各取小者立饮,赵令人暗记,笑曰:"此酒是连杯偕送者。"其播弄人如此。
>
> 朱曾于元宵挂珠灯数十盏于门,赵见之愧,无以匹,命家人碎之。朱不敢与较……乃以重币招吴三桂婿王永康来燕饮,席散游园,置碎灯于侧。王问曰:"可惜好珠灯,何碎不修?"朱曰:"此左邻赵虾所为,因平西之人,未敢较也。"王会意耳,语家人连夜逐赵出城另迁,一时大快人心。

我曾说过,园林是炫富的手段,也是最重要的消费场所,如果这一点真的成立,在其中举行豪宴来招待王永康,就再合适不过了。

但真正占有园林、拥有财富的究竟是谁?理论上,尽管官方一直接受和承认私人土地市场的存在,但帝国拥有很多至高无上的权利,包括土地的最终所有权。而在风俗习惯上,尤其与墓地获取有关的问题上,可能不得不顾及神权问题。每个县、州、府都有城隍庙,虽说城隍们的权力覆盖至各级行政单位的整个辖区,而不仅仅是城市,但通常还是翻译为"city god"。他们被供奉于装饰着山水壁画的庙宇厅堂,经常为文林、文元发这样的地方官所祭拜。尽管文献没有明确记载,这些山水可能临摹自城隍们管辖范围内的真山真水。可惜我们不清楚那些山水壁画的样子,而这种可能将官方地形规制与风水禁忌结合在一起的图像文化必然为明代精英们所熟知。[74] 再有,面对鬼神们对土地更高的权利要求,"买地券"应运而生了。买地券是生人为死去的人从土地神那里购买的坟地凭证,虽不是一种严格的丧葬制度,但这种做法一直为明代精英们所恪守。[75]

完全可以这样说,在中国,大量的财产为家族这样的集体组织所有,而这一家族的其他成员在某些情况下可以有优先购买的权利。宋代理学家司马光就极力反对与"家产"相对立的"私产"观念。[76] 然而，事实情况显然是"家庭财产完全属于父亲所有，只有他有处置家产的权力"[77]。家庭本身就有森严的等级存在，家产中不存在"个体利益"的标签，而且，在明代的中国，父亲亡故后的成年男丁才是家产的真正拥有者。这一点很重要，这个时代的儒家伦理规定，父亲在世时，任何男丁都不可能拥有家产，即使像文彭这样的名人也不例外，虽然父亲离世时他已年过六旬。

如我们所见，很多园林都采用如"某某家园"、"某某氏园"这样的命名模式，但也有很多最著名的园林始终烙着深深的个人印迹，鲜明地反映出这位成年男子的个性特点及其在更广阔的社会舞台上所扮演的角色。在这样一个见证着自由土地市场不断壮大，理学义理和个人天性的哲学美学诠释不断进步的时代背景下，不应轻易否定个人天性与其社会角色之间可能存在着不可调和的矛盾，而这种矛盾对验证 C. B. 麦克弗森（C. B. McPherson）的"占有性个人主义是欧洲国家（尤其是英国清教徒建立的国家）发展的根本推动力"这一经典论断别具意义。[78] 在某些情况下，尤其是在集体祭祀共同祖先、共同修撰家谱这类血缘维系形式不太盛行的地方或时期内，营建园林可能是集中展现家族团结及其宗族势力的手段。宋汉理（Harriet Zurndorfer）曾论证过十六世纪的徽州人如何通过修一处建筑（可能是祠堂。——译按）来凝聚宗族感情，而不仅仅是纪念逝者。她还把它与同时期意大利为相同目的而建的游廊做了对比研究，并指出了二者的相似之处。[79] 十六世纪晚期的江南园林完全处于一种矛盾境地：理论上属于家族的不动产却呈现出园主（其享有事实上的完全自主权）的个性特征。至于园主个人究竟能对园林施加多大的影响，园林与个人的联系又紧密到何种程度，从明代中期的另一则轶事可略见一斑。据说王心一的"归田园"发生过这样的怪事：

> 今王氏子孙尚居其中，相传王氏欲售于人屡矣，辄见红袍纱帽者，隐约其间，或呼啸达旦，似不能割爱者，人亦莫敢得也。[80]

但也有完全相反的例子。虽然当时的资料没有记载，然而很多晚出的文献都提到过拙政园曾被王献臣的败家儿子赌博输掉的故事。谢肇淛曾评论说，达官贵人们致仕后一掷千金大肆兴建的豪宅丽园，无一不是后代阋墙纷争的导火索。将大量财富投资于宅第园林，其实是自找麻烦，这一问题分家之时就会暴露无遗。家产必须均分，所以需要采用机智灵活的方法才能保证家产的完好无损。明代和清初的乡村聚落被完整保存下来的极少，就是因为族长往往用横向分割的办法为继承人均分家产，比如依屋宅的中线平分，这样一来，除破坏屋宅的整体性外，别无选择。[81]观赏性的园林也是如此，它不像零散的小地块，也是不可分割的。因此园林从建园伊始就不得不面对继承权纠纷的宿命，在这方面，它更像一幅珍贵但同样不能分割的画。

与所有地产一样，园林频频易主的故事也常见于明清史料，而清代作家记载尤多。其中一人扼腕写道，"自以为子孙数百年之业矣。然不立六年间，而田宅皆已易主，子孙贫匮至不能自存。"[82]到十七世纪时，园林在一代人手上至少转手一次，这已不是个别现象，似乎已成定律。从十六世纪中期至十九世纪中期的三百多年内，拙政园整体或部分易主至少达十五次。北京的宜园在一个世纪内先后为三个贵族家庭所有，而南京的"吴家园"也曾在五十年内多次易主。依平分遗产的惯例，这些园林都应被分成数块，而整体转让比分给继承者更有利于保证它的完整性。

可以说，正是因为园林产权的这种脆弱性和可交易性才使得它更符合"财产"的定义。苏珊·斯图尔特（Susan Stewart）认为，可分性和可失性（potential loss）是"所有权"概念的核心内容，无之就不成立。[83]作为其得失始终为时人关注并津津乐道的一块土地，园林完全有理由纳入土地经济的流通领域，而土地经济是明帝国和封建精英们赖以存在的基础。

结　论

　　《文物参考资料》是一本中国现代考古学期刊，1957年6月发行的那期在某些方面观点偏激。园林主题是此期的主要内容（此期刊史上唯一的一次），也包含一篇由文化、考古和艺术史领域的工作者参加的关于毛泽东新近提出的"百花开放、百家争鸣"文艺方针的座谈会会议纪要。与会者受此方针鼓舞，逐一对当时的政治和专业问题进行了自由发言，当然对共产党的领导进行自由批评的前提是真心拥护党。[1] 随后的结果人所共知：大部分提出批评意见的人至少都丢了饭碗，甚至遭受了政治迫害和牢狱之灾。[2] 现代读者对这本期刊的偏激大概都会有更强烈的感受，因为视园林为清静平和的隐居之地的学术文章与言辞犀利刺耳的政治论战文章并列一期，显得极不协调。不要说将政论文章与园林文章夹杂在一起，就是在学术文章中引用政治论断的做法，对专业的考古学期刊也是不合时宜的。

　　这一期的偏激还体现在中国特定历史时期的一种"园林观"上。这种"园林观"所反映的大致是1860年代太平天国运动之后几十年的园林发展史，所重点关注的是诸如日益增多的西方游客、从上海到苏州的铁路通车等等客观因素。从全国范围来看，相对于苏州的其他文化特色，晚清时期的苏州并不像现在一样特以"园林"著称，这一点不难证明。力压苏州以"园林"名世的反倒是北边的扬州，一则十八世纪的扬州地方资料自夸道："杭州以湖山胜，苏州以肆市胜，扬州以园亭胜。"[3] 十八世纪中期乾隆皇帝南下苏州时，他只看到两座都市园林（即沧浪亭和狮子林），而且这两座园林都是以其悠久的历史而非雅丽的景致而著称。[4] 法国人耶德（Isidore Hedde），自第一次鸦片战争的硝烟刚刚散尽的1843年来到中国，一直到1846年方才离开。这期间他游历了苏州并绘制了一幅苏州地图，而这张地图上并没有留下园林的任何印迹。可他从中国带回的货物清单中，竟还包含一幅普通"西方花园"的素描，这份清单曾经出版，它或许是欧洲人继利玛窦（Matteo Ricci）之后的第一份有关中国园林的记录：

  石刻、浮石岛、假山、形似宝塔和动物的矮化树、大理石奇石、设计精巧的人工喷泉、奇花、娱乐休闲屋。[5]

  这份简短的清单很像是东方舞台剧的剧本说明，更像是中国剧场中的整套场景道具，然而可以说这份清单涵盖了十九世纪到二十世纪早期"中国园林"的几乎所有景观元素。然而这套景观组合并非局部现象，而早期的西方游记作家对苏州园林的鳌头地位也未置一词。1911年，苏州至上海的铁路开建[6]，即日可达，这消除了长途水运的不便，苏州由此成为对中国富商更具吸引力的地方。便利的交通为苏州带来了繁荣，1936年，F. R. 南斯（F. R. Nance）编写了详尽的苏州旅游导览，并第一次称其为"园林城市"（the garden city），这一称号一直沿用至今。[7] 苏州在美国摄影家多萝西·格雷厄姆（Dorothy Graham）1938年所著的《中国园林》中也扮演了重要的角色。

  可是，此时期的学术界对"苏州园林"仍有完全相左的看法，其中以刘敦桢最为突出。他在考察苏州早期建筑遗迹的基础上，也于1936年出版了相关专著，但他却一反常态地认为苏州园林不足为奇。他只对怡园、拙政园、狮子林、王园等四座园林进行了考察，并评论说："前两座园林在建筑布局上完全稀疏平常，没有什么值得注意的景观。"[8] 这与南斯对拙政园的激赏"即使今天的坍塌破败仍掩盖不住它自身的迷人魅力"[9] 形成了鲜明的对比。我们何以解释对同一座园林二人的感受竟会如此不同？这种歧异无疑不是偶然现象，而是反映了刘敦桢拒绝西方游客根据自己的需求挪用中国文化遗产。刘敦桢是中国建筑史研究领域的重要开拓者，在校勘中国早期建筑文献，调查研究古代建筑遗存方面亲力亲为，呕心沥血，成果斐然。他并没有忽视像南斯和多萝西那样的西方人把苏州园林当成中国园林乃至中国文化的代表甚至作为中国的缩影而加以热情讴歌的现象。但他反对西方人赋予园林太高的文化地位。1949年新中国成立后，政治环境的变化使重视建筑的实用性研究并对西方观点持保留态度的刘敦桢成为在苏州园林史、园林修复和园林建筑研究领域最具权威的学者，这种"左"

倾政治环境要求对中国学术正本清源，清除西方学术的评价体系和概念范畴所造成的影响，似乎只有这样，"园林"才能纳入"民族遗产"的范畴。从此，作为一项"民族遗产"，人们对苏州园林的关注和研究一直长盛不衰，1992年苏州市一座园林博物馆的开馆更是将这一盛况推向顶点。[10]

二十世纪的中国园林观念始终为急剧变化的中国政治及文化环境所左右，但在过去漫长的历史时期，中国社会各阶层的园林观念却始终鲜有变化。正如我在前文所论，即使在江南士人集团这一小圈子内，他们的园林文化实践尽管丰富多彩，但终脱不出财产观念、社会地位、艺术、数术及植物栽培这些范畴。当然我所举列的这些范畴也绝非园林文化的全部。我对园林这一微观世界与宇宙观的联系论述不多，因为这方面的论述已相当充分，而且那些论述基本都是从哲学而非历史的角度展开的，尽管说为诠释园林景观的神秘性乃至神圣性这一主题，论者们收集了不同历史时期的相关论据。[11]再者，我所关注的十六世纪至十七世纪早期的园林文献也缺乏这方面的资料。不可否认的是，无论历史时期的早晚，园林与宇宙观的关系均同样重要，而且它对现代园林的设计思想仍具有重要影响力。

虽然本书未曾涉及，但还有更多重要的园林史资料值得研究。比如晚明园林与寺庙、书院的关系。石濂（大汕和尚，1633—1705）曾重建过几座寺庙园林，时代正处于本书的研究范围，而最近的研究表明这些园林曾一度是晚明精英士人关注的焦点。[12]中国人梦境中的园林也是一个很有意思的课题。在晚明版的《周公解梦全书》中，园林是其二十七类梦境之一。晚明笔记文学中记载的以园林为背景的梦境不胜枚举，这也为我们研究园林在当时人们（至少是文化阶层）的虚幻世界中所扮演的角色提供了另一个可能的视角。

我所引用的资料绝大部分是些书面材料，在近代早期的中国，写作权都掌握在男性精英手中。虽说目前所掌握的材料都是这一种，但对明代女性眼中的园林展开研究也很有必要，至少要考虑到这种可能性。由《长物志》的记载我们得知，某种花、某种鸟或某种风格的装饰对女性更适用。女性与花的关系频现于明代诗词和散文中。在《金瓶梅》这部名著中，暴发户西门庆宅院中的花园里经常出现女人的身影，书中附带提到，他的花园中就有被完美主义者文震亨认为只可"移着闺阁供仕女采掇"的蔷薇架和木香棚。我们会问，它们栽种于何时？与哪些花为伴？书中着力描绘的"园景"很多都是恣情纵欲和花天酒地的场景。是不是那些行为不适合在房间中进行故而选择在花园中进行？女性们是否允许独处于花园？带花园的宅院如何隔离男卧和女卧，花园又处于什么方位？整个宅院的布局究竟是什么样子？十八世纪的《红楼梦》在这方面记述尤详，且常被人引以为证，但十八世纪的证据并不适用于其他历史时期。尚未有人对《金瓶梅》中不吝华辞丽藻加以描绘的园林进行过深入研析，尽管《金瓶梅》只是文学作品而非历史文献，但研究它至少有助于我们了解园林在明人心目中所扮演的角色。[13]

植根于中国特定历史环境的园林思想也存在着一定的地区差异，这方面的研究空白更多。本世纪下半叶进行的一项关于广东萨满教的研究表明，广东萨满教的信仰者普遍相信"天国花园"的存在，"天国花园"中的每一盆花都代表一个现实中活着的人。[14] 这种别具特色的普通人的审美性园林观念与精英阶层的不同，可我们尚不清楚这一观念的来历。本世纪流行于广东的这一观念是否也流行于文震亨时期？它是否曾广泛分布于中国各地？这些问题都值得进一步研究，哪怕得出的结论是初级而幼稚的。

我一直试图依据明代文献资料来考察"园林"的多重内涵，它所隐含的丰富内涵（包括财产、宇宙观、隐居所等在内）是一个整体，不可片面理解。同样，也不应将园林的内涵无限扩大并进行牵强附会的解读，这种解读应以特定的历史和地理环境为依据。而且，园林的那些内涵本身也不是一成不变的，而是始终与时俱变，相互交织靡荡，未尝稍歇。从这个意义上说，即使在十七世纪的最后五十年里，不谐之音也常现于园林之乐章，苏州园林名气排行的变动不居，拙政园边界的波动不止，都隐隐反映出这一点。

最新的文化理论主张"以空间代替时间"，这一最具时代转折意义的观念认为，"地理学、地图和情景模拟需以诗的方式浓缩起来以分别代替历史、故事和回忆"[15]。但这种理论和观念可能会受阻于某些后现代理论对既定历史的解释，因为在后者看来，历史符号与其涵义之间的关系已被固化为一种毫无疑义且广为人知的常识。我这本书想极力证明的是，中国园林的内涵被单薄化只是近代以来才发生的事情，十六和十七世纪的园林本身所具有的丰富内涵大多已消失于历史的风尘中。所以，我尝试着复原它们的本来面目，并分析了作为明代政权基石的土地制度赋予园林以特权的一些可能的途径，同时考察了园林因横跨多个文化范畴所具有的丰富内涵，而这种丰富性在当时的中国，鲜有其他物质文化形式可与之比肩。

注　释

引　言

1. Ronald Inden, *Imagining India* (Oxford, 1990), p. 149.
2. James Cahill, *Three Alternative Histories of Chinese Painting* (Lawrence, KS, 1988), p. 9.
3. Robin Karson, *Fletcher Steele, Landscape Architect: An Account of the Gardenmaker's Life, 1885—1971* (New York, 1989), pp. 186—190.
4. Fletcher Steele, 'China Teaches: Ideas and Moods from Landscape of the Celestial Empire', *Landscape Architecture*, XXXVII (1946—1947), pp. 88—93.
5. Fletcher Steele, *Gardens and People* (Boston, 1964).
6. Steele, 'China Teaches', p. 92, and Steele, *Gardens and People*, p. 205.
7. 柯律格在《西方关于中国园林的描述中的自然与意识形态》一文中对此作了更详细的讨论，载 J. Wolschke-Bulmahn, ed., *Nature and Ideology*（即出）。
8. J. C. Loudon, *An Encyclopaedia of Gardening . . .* (London, 1834), p. 388.
9. Dorothy Graham, *Chinese Gardens: Gardens of the Contemporary Scene, an Account of their Design and Symbolism* (New York, 1938), p. 3.
10. Wing-Tsit Chan（陈荣捷）, 'Man and Nature in the Chinese Garden', 载 Henry Inn, *Chinese Houses and Gardens*, ed. Shao Chang Lee（李绍昌）, revd edn (New York, 1950)。最近，Benjamin Wai-Bun Ip, 'The Expression of Nature in Traditional Su Zhou Gardens', *Journal of Garden History,* VI（1986）, pp. 125—140.
11. Osvald Sirén（喜仁龙）, *Gardens of China* (New York, 1949), p. 3; Jeffrey E. Meyer, *The Dragons of Tiananmen: Beijing as a Sacred City* (Columbia, SC, 1991), p. 168.
12. R. Keith Schoppa, *Xiang Lake — Nine Centuries of Chinese Life* (New Haven and London, 1989), p. 34.（中译本见萧邦齐著，姜良芹译，《九个世纪的悲歌》，北京：社会科学文献出版社，2008年，页25。）

13. Inden, p. 3.

14. Edward Said, *Culture and Imperialism* (New York, 1993).

15. Homi K. Bhabha, *The Location of Culture* (London, 1994), p. 66.

16. Mara Miller, 'Gardens as Works of Art: The Problem of Uniqueness', *British Journal of Aesthetics,* XXVI（1986），pp. 252—256, and Mara Miller, *The Garden as an Art* (Albany, 1993).

17. 例如从1970年代中期开始的各种文章，收录于 John Dixon Hunt, *Gardens and the Picturesque: Studies in the History of Landscape Architecture* (Cambridge, MA, 1992).

18. John Brinckerhoff Jackson, *The Necessity for Ruins, and Other Topics* (Amherst, 1980); James Westcoatt, 'Landscapes of Transformation: Lessons from the Earliest Mughal Gardens in India, 1526–1530 AD', *Landscape Journal,* X (1991), pp. 105—114.

19. Denis Cosgrove, *The Palladian Landscape* (University Park, PA, 1993).

20. Thomas Keirstead, *The Geography of Power in Medieval Japan* (Princeton, 1992), 及其文章 'Gardens and Estates: Medievality and Space', *Positions: East Asia Cultures Critique,* I (1993), pp. 289—320.

21. Nicholas Green, 'Rustic Retreats: Visions of the Countryside in Mid-nineteenth-century France', in *Reading Landscape,* ed. Simon Pugh (Manchester and New York, 1990), pp. 161—176 (163).

一　盈萃之庭

1. Alfred Schinz, *Cities in China: Urbanization of the Earth / Urbanisierung der Erde,* ed. Wolf Tietze (Berlin and Stuttgart, 1989), p. 192. 更大的数字23.4平方公里出现于 Michael Marmé,'Population and Possibility in Ming (1368–1644) Suzhou: A Quantified Model', *Ming Studies,* XII (1981), pp. 29—64 (57 n.34). 对苏州城市发展的概述参见高泳源，《古代苏州城市景观的历史地理透视》，载《历史地理》第七辑（1990年），页62—71。

2. Frederick W. Mote（牟复礼）and Dennis Twitchett（崔瑞德），eds, *The Cambridge History of China,* VII: *The Ming Dynasty, 1368—1644: Part I* (Cambridge, 1988), p. 34 (the siege) , p. 123 (the forced emigration of 1370), p. 310 (the flood of 1440), p. 337 (the winter flood of 1454).

3. 王琦，《寓圃杂记》，元明笔记史料丛刊（北京，1984）卷5，页42。

4. F. W. Mote, 'The Transformation of Nanking, 1350—1400', in *The City in Late Imperial China,* ed. G. William Skinner (Stanford, 1977), pp. 101—153 [141—142].

5. Marmé, pp. 36—37.

6. 第一次引到所提数字，是他们在《明人传记词典》（DMB）里的页码，或者是在《明人传记资料索引》（MRZJ）中没查到，都给出了。为防不知晓个人的生卒年，我给出了他们进士及第的年份，这是帝国的最高考试层级。

7. 亩是测量单位，明代的一亩约相当于七分之一英亩。

8. 王鏊修，《姑苏志》(1506)，中国史学丛书影印版（台北，1965），卷32，页25a。

9. Marmé, p. 41.

10. 最明显的例子是王鏊本人及其弟王铨的田产，也包含在1642年《吴县志》的"园林"部。也许习俗迫使编纂者不要去夸耀他自己的田产，尽管这样的约束并不适用于其亲友。1642年牛若麟、王焕如纂修，《吴县志》序，54卷首卷，插图，卷23，页26b—28a。这里列出了王鏊的"西园"和"真适园"及其弟的"且适园"，"园主耕读于此"，此地以橘林名世。

11. 在此基础上，最突出的场址就是吴江县松江河畔的"曜庵"（15处引到）；范成大（1120—1193）的"石湖别墅"（12处引到）；"乐圃"、"南园"和"沧浪亭"（都是11次引到）。

12. 《姑苏志》卷32，16a（页448）。

13. 其父第一任妻子（并非文徵明之母）的墓碑铭文为李东阳所撰。文徵明的妻子是夏昶的孙女。

14. James Cahill, *Parting at the Shore: Painting of the Early and Middle Ming Dynasty, 1368—1580* (New York and Tokyo, 1978), pp. 78—79.

15. 《文徵明集》，周道振辑校，上海古籍出版社，2卷本（上海，1987），卷1，页205。

16. 陆容，《菽园杂记》，转引自叶静渊，《中国农学遗产选集》"柑橘"（上编）（北京，1958），第221页。

17. John W. Dardess（窦德士），'Settlement, Land Use, Labor and Estheticism in T'ai-ho County, Kiangsi', *Harvard Journal of Asiatic Studies,* IL (1990), pp. 295—364.

18. 另类的"粗俗官员的园林"是Jan Stuart在'Ming Dynasty Gardens Reconstructed in Words and Images'一文中提出的，载 *Journal of Garden History,* X (1990), pp. 162—172，这种提法在很多方面都显得比较高明，但经再三考量，我仍然坚持"不成功的政客"这

种说法，为了跟当代中国指南类书中的用法保持一致。

19. 乔匀主编，《中国园林艺术》（香港和北京，1982），第 90 页。

20. 张廷玉，《明史》，中华书局版（北京，1974），卷 18，页 4801—4803。

21. 《文徵明集》，册 1，页 488—489。

22. 《文徵明集》，册 1，页 438—440。

23. Charles O. Hucker, *The Censorial System of Ming China* (Stanford, 1966), p.59 指出，一般说来监察工作不会给予在一个较低的岗位上工作不到三年的人，给事中（也位列 7a）也不会小于三十岁。如果王献臣 1490 年第一次做监察御史是三十岁的话，他应该出生于 1460 年前后。

24. 《文徵明集》，册 1，页 392。

25. 《文徵明集》，册 1，页 195。

26. 王献臣辞官的不可挽回被重要的字面意义上的"撕毁官帽"这一仪式性的姿态所证明：《文徵明集》，册 2，页 1212。关于这一仪式可参见陈国栋，《哭庙与焚儒服：明末清初生员层的社会性动作》，《新史学》第三辑（1992），页 69—94。

27. 《姑苏志》，卷 29，页 13a。还有后续故事，并无当代证据支持，王献臣被迫逐走了和尚占据了这个地方。

28. 刘敦祯，《苏州古典园林》(n.p., 1979)，第 53 页，n. 1. 弗朗西斯·伍德在 *Garden History* 一书的引言中翻译过，载《园林史学会会刊》第 10 辑（1982），页 108—141。

29. 《文徵明集》，册 2，页 896—897，页 906。

30. 《文徵明集》，册 2，页 800，页 910，页 912。

31. 《文徵明集》，册 2，页 1095—1096，963。

32. 《文徵明集》，册 1，页 513—514。

33. 这本册页（其下落现在已不知所踪）曾原尺寸复制于 *An Old Chinese Garden: A Three-fold Masterpiece of Poetry, Calligraphy and Painting, by Wen Chen Ming, Famous Landscape Artist of the Ming Dynasty. Studies Written by Kate Kerby, Translations by Mo Zung Chung*（《文待诏拙政园图［全］》），中华书局（上海，1922）。我曾使用过《王氏拙政园记》的文本，载《文徵明集》，册 2，页 1275—1278，与柯尔比书中的图片相对照。诗的原文载《文徵明集》，册 2，页 1205—1213。现存还有一个私人收藏的"记"的版本，标明是存于文氏书法中，日期也是 1533 年。*Anthology of Chinese Art: Min Chiu Society Silver Jubilee Exhibition*，香港艺术博物馆（香港，1985），第 108—111 页。

34. 此册页现藏于纽约大都会博物馆，与诗的译文一并刊印于 Roderick Whitfield（方闻做了个补遗），*In Pursuit of Antiquity: Chinese Paintings of the Ming and Ch'ing Dynasties From the Collection of Mr and Mrs Earl Morse* (Rutland, VT, and Tokyo, 1969), pp. 66—70。人们似乎并没有注意到，王献臣如果还活着的话，这第二部册页画出来的时候，他肯定已经九十好几了，如果他的出生年份不会超过 1460 年的话。

35. 王家诚，《文徵明寄情园林的心路历程》，载《中国艺术文物讨论会论文集》卷 2，台北故宫博物院（台北，1992），卷 1，页 359—376，附录，在这部画册之外另列了三幅。

36. 刘敦桢，页 53，注 4。

37. 据推测为文徵明所植的紫藤在 Nance (p. 41) 中提到过，还向游客特地指出，但对于园中此一植物的存在并没有更早的证据。文徵明 1533 年所作的这一园址的小记中也并没有提及。

38. 列举于 Frances Ya-sing Tsu（朱亚新），*Landscape Design in Chinese Gardens* (New York, 1988), p. 248。

39. 它们是（朱亚新的译文）：得真亭，小沧浪，小飞虹和倚玉轩。

40. Stuart, p. 167.

41. 刘敦桢，页 53，n. 6。

42. Maggie Keswick, *The Chinese Garden: History, Art and Architecture* (London, 1978), p. 108.

43. 此短语载刘敦桢，页 53。

44. 钱泳的版本日期是 1833 年，提到 1533 年文徵明的册页，刊印于 Kerby。本段在同一作者关于此园林的记述中被略去。

45. 在张慧剑非常全面的《明清江苏文人年表》（上海，1986）中，这些人一个都没收录。

46. 英语世界最全面的讨论是 Francesca Bray（白馥兰），*Science and Civilisation in China: Volume 6, Biology and Biological Technology. Part II: Agriculture* (Cambridge, 1984)。

47. Craig Clunas, *Superfluous Things: Material Culture and Social Status in Early Modern China* (Cambridge, 1991), pp. 166—168.（中译本，《长物：早期现代中国的物质文化与社会状况》，三联书店 2015 年版）

48. 《文徵明集》，册 2，页 1212。

49. 这首诗载《文徵明集》，册 2，页 1205，译文为 Whitfield 译本，第 66 页。

50. Bray, pp. 539—551; Dardess, pp. 311—331.

51. 王祯，《农书》，中华书局版（北京，1956），页 134。关于这一文本可见 Bray, pp. 59—64。

相关段落译文见上书, p. 542。

52. 陈恒力编著，王达参校，《〈补农书〉研究》（北京，1958），第 275 页。Hilary J. Beattie（白蒂）, *Land and Lineage in China: A Study of T'ung-ch'eng county, Anhwei, in the Ming and Ch'ing Dynasties* (Cambridge, 1979), p. 98.

53. S. L. Kline, *Colonial Culhuacan, 1580—1600: A Social History of an Aztec Town* (Albuquerque, 1986), p. 132.

54. Joseph Needham（李约瑟），与 Lu Gwei-djen（鲁桂珍）合著，（黄兴宗）特别撰文，*Science and Civilisation in China: Volume 6, Biology and Biological Technology. Part I: Botany* (Cambridge), p. 365.

55. Bray, p. 545.

56. 孙云蔚编，《中国果树史与果树资源》（上海，1983），第 5 页，孙在第 6 页把它指认为"花红"（*Malus Asiatica* Nakai）。

57. 徐光启，《农政全书》校注，石声汉校，西北农学院古农学研究室，3 卷（上海，1983），页 778，以及孙云蔚，页 36。

58. Maggie Bickford（毕嘉珍）, et al., *Bones of Jade, Soul of Ice: The Flowering Plum in Chinese Art*, Yale University Art Gallery (New Haven, 1985).

59. Bickford, et al., pp. 31—33 and pp. 245—250.

60. 徐光启，页 770，亦见孙云蔚，页 35—37。

61. C. R. Boxer, ed., *South China in the Sixteenth Century,* The Hakluyt Society, 2nd series, vol. 106 (London, 1953) p. 132.

62. 它现在仍然是一种重要的经济作物；Woon Young Chun（陈焕镛）, BSF, MF, *Chinese Economic Trees*（《中国经济树木》）（上海,1921），页 164；佟屏亚编著，《果树史话》（北京，1983），页 198—206；王东风编，《简明中国烹饪辞典》（太原，1987），页 222；孔旭编著，《中国果树栽培学》（北京，1978），页 545—577。

63. Ping-ti Ho（何炳棣）, 'The Introduction of American Food Plants into China', *American Anthropologist*, LVII (1955), pp. 191—201 (192).

64. 徐光启，页 1071，和孙云蔚，页 36。

65. 徐光启，页 1045—1056。

66. 徐光启，页 1174—1178。一种较早的情形见 Stephen H. West, 'Cilia, Scale and Bristle: The Consumption of Fish and Shellfish in the Eastern Capital of the Northern Song', *HJAS*, XLVII

(1990), pp. 595—634.

67. 《文徵明集》，册 2，页 1207。译文为 Kerby 译本。

68. West, p. 623.

69. Bray, p. 98.

70. Bray, p. 608.

71. Michel Cartier, *Une réforme locale en Chine au XVIe siècle. Hai Rui à Chun'an, 1558—1562* (Paris, 1973), p. 83.

72. Joseph P. McDermott（周绍明）, 'Bondservants in the T'ai-hu Basin During the Late Ming: A Case of Mistaken Identities', *JAS,* XL (1981), pp. 675—701 (697).

73. David R. Coffin, *The Villa in the Life of Renaissance Rome* (Princeton, 1979) 是我作此理解的来源。

74. Claudia Lazzaro, *The Italian Renaissance Garden: From the Conventions of Planting, Design and Ornament to the Grand Gardens of Sixteenth-century Central Italy* (New Haven and London, 1990), p. 12.

75. Robert Williams, 'Rural Economy and the Antique in the English Landscape Garden', *Journal of Garden History,* VII (1987), pp. 73—96.

76. Christopher K. Currie, 'Fishponds as Garden Features, c. 1550—1750', *Garden History, Journal of the Garden History Society,* XVIII (1990), pp. 22—46 (24—25).

77. Clunas, *Superfluous Things*, p. 139.

78. Craig Clunas, 'Regulation of Consumption and the Institution of Correct Morality by the Ming State: in *Norms and the State in China,* ed. Chün-chieh Huang and Erik Zürcher (Leiden, New York and Cologne, 1993), pp. 39—49.

79. 王祯，《农书》，中华书局版（北京，1956），页 134。

80. 徐光启，页 114。

81. 比如，"拙画"，"拙文"，"拙笔"：《文徵明集》，页 1040，1446 和 1453。

82. Clunas, *Superfluous Things,* pp. 85—86.

83. 《姑苏志》，卷 32，页 25b (p. 453)。

84. Helmut Wilhelm（卫德明）, 'Shih Ch'ung and his Chin-ku-yüan', *Monumenta Serica,* XIX (1959), pp. 314—327. 亦见 Ellen Johnston Laing（梁庄爱伦）, 'Ch'iu Ying's Two Garden Paintings Belonging to the Chion-in, Kyoto', *Proceedings of the International Colloquium on*

Chinese Art History: Painting and Calligraphy, 2vols, National Palace Museum (Taipei, 1992), 1, pp. 331—358.

85. Coffin, p. 187; Cosgrove, *The Palladian Landscape,* p. 103, pp. 110—113.

86. Ralph Austen, *A Treatise of Fruit-Trees together with The Spirituall Use of an Orchard* (Oxford, 1653), The English Landscape Garden 重印版, edited with introductory notes by John Dixon Hunt, Garland Publishing (New York and London, 1982).

87. Michel Foucault, 'Of Other Spaces', *Diacritics*, XVI (1981), pp. 22—27 (24).

88. Bray, p. 542，在农业论述的内部来操作，用'orchard'来译指"园"。'Gardens'在 *Science and Civilisation in China* 中则用单独一章来讨论。

89. 孙云蔚，页 27。

90. Bray, p. 550.

91. 王毓瑚，《中国农学书录》第二版（北京，1979），页 129。

92. 徐光启，页 769。

93. 转引自孙云蔚，页 23。在其十七世纪早期的《补农书》中，沈连川是从小土地业主的视角来写的，而不是通过附加果树"可以让你把在市场上花的钱节约下来"来破坏你分离的理想。陈恒力和王达，页 268。

94. Williams, p. 94, Currie, p. 22. 英国统治阶级走得更远，他们禁止商品贸易中的野味肉，强行让其承担礼物赠予中的象征性商品的角色。

95. 这是北京及其周边地区的主要景点之一。Kathlyn Liscomb（李嘉琳），'The Eight Views of Beijing: Politics in Literati Art', *Artibus Asiae*, IL (1988—1989); pp. 127—152 (140).

96. 《文徵明集》，册 2，页 1213。

97. Keith Tribe, *Land, Labour and Economic Discourse* (London, Henley and Boston, 1978), p. 26.

二　观赏性园林

1. 归有光，《震川先生集》，中国古典文学丛书，2 卷本，上海古籍出版社版（上海，1981），页 387。

2. 吴长元辑，《宸垣识略》（序，1788 年），北京古籍出版社版（北京，1981），页 230。

3. 刘策，《中国古代苑囿》（宁夏，1979）；Edward S. Schafer（薛爱华），'Hunting Parks

and Animal Enclosures in Ancient China', *Journal of the Economic and Social History of the Orient,* XI (1968), pp. 318—343.

4. 申时行，《大明会典》，中华书局版（北京，1989），页 1108—1109。

5. 单士元，《明代建筑大事年表》，原 1926 年中国营造学社版影印（台北，1976），页 138。

6. 地图可见侯仁之编，《北京历史地图集》（北京，1985），页 33—34。

7. 单士元，页 64，106，110—111，119。

8. 张家骥，《中国造园史》，（台北，1990），页 189—190。

9. Boxer, p. 186.

10. 张家骥，页 191。

11. 归有光，页 963。

12. 《吴县志》，卷 23，页 26b—27a。

13. 《文徵明集》，册 1，页 23—28。

14. 《文徵明集》，册 1，页 236。

15. Anne de Coursey Clapp, *The Painting of T'ang Yin* (Chicago, 1991), pp. 30—31.

16. 《文徵明集》，册 1，页 298—299，页 299，页 299—304。

17. 《文徵明集》，册 1，页 304。

18. 《文徵明集》，册 1，页 299。

19. Alice R. M. Hyland, *Deities, Emperors, Ladies and Literati: Figure Paintings of the Ming and Qing Dynasties* (Seattle and London, 1987), pp. 15—16, fig. 1, colour plate II. Cahill, *Parting,* pp. 24—25.

20. 佚名，'Social Gatherings in the Ming Period', *Annual Report of the Librarian of Congress for 1940,* 1974 年重印版，P. K. Yu 辑，vol. II, pp. 648—650.

21. Craig Clunas, 'Ideal and Reality in the Ming Garden', in *The Authentic Garden,* ed. L. Tjon Sie Fat and E. de Jong (Leiden, 1991), pp. 197—206.

22. 陈植、张公弛编，《中国历代名园记选注》（合肥，1983），页 157—173。

23. 顾起元，《客座赘语》，元明史料笔记丛刊版（北京，1987），页 161—162。

24. 高晋等纂，《南巡盛典》，序，1771 年，120 卷版，卷 98，页 16a—18a；童寯编著，《江南园林志》第二版（北京，1984），页 24。

25. Joanna F. Handlin Smith（韩德琳），'Gardens in Ch'i Piao-chia's Social World: Wealth and Values in Late Ming Kiangnan', *Journal of Asian Studies,* LI (1992), pp. 55—81 (68).

26. 陈植，张公弛，前引文献。

27. 金学智，页 32。

28. 高晋，卷 99，页 4a—5b。

29. 详图见 Marmé, pp. 30—31。

30. 皇甫汸纂，《长洲县志》，14 卷，1571 年序，刊行于 1598 年。

31. 《长洲县志》，卷 13，页 13a—16b。（志里的措辞让我们很难分清其表述该读作现在时还是过去时，从汉语语法上说，"X 园在 Y 门外"的现在时与过去时是一样的。）

32. 《吴县志》，卷 23，页 35b。

33. 《吴县志》，卷 23，页 34b—35a。

34. Clunas, *Superfluous Things,* pp. 20—25, 176.

35. 《吴县志》，卷 23，页 50b—52a。

36. 张瀚，《松窗梦语》，转引自 Clunas, *Superfluous Things*, p. 145。

37. 谢肇淛，《五杂俎》，国学珍本文库版，辑 1，第 13 种，2 卷（上海，1935），卷 1，页 102。

38. 沈德符，页 654。

39. 对这种变化描述的尝试之一是汪菊渊，《苏州明清宅院风格的分析》，载《园艺学报》，11/2 (1963)，页 177—194。

40. 顾起元，《客座赘语》，元明史料笔记丛刊版（北京，1987），页 17。

41. 同前引书。

42. Handlin Smith（韩德琳），p. 69.

43. Lazzaro, *The Italian Renaissance Garden,* p. 28.

44. "花艺"在中国的确立远早于这一时期，有充分的证据表明人们对珍稀品种的兴趣在宋代就已经存在。Jack Goody, *The Culture of Flowers* (Cambridge, 1993), pp. 347—386. Needham, VI. 1, pp. 409 and 412 表明，在约公元 1200 年到 1600 年间有关植物的文献中只有很少量的关于新品种的记载，所以，明代的拓展很可能是现存物种的一个传播事件。

45. John Hay（韩庄），*Kernels of Energy, Bones of Earth: The Rock in Chinese Art* (New York, 1985), John Hay 增补了'Structure and Aesthetic Criteria in Chinese Rocks and Art'一文，*Res,* XIII (1987), pp. 6—22.

46. Edward H. Schafer（薛爱华），*Tu Wan's Stone Catalogue of Cloudy Forest* (Berkeley and Los

Angeles, 1961), pp. 5—6. 薛爱华论证了六朝时对叠石的使用在唐代被单块石所替代。他把对石头的品鉴趣味之始定在九世纪。

47. James M. Hargett（何瞻）, 'Huizong's Magic Marchmount: The Genyue Pleasure Park of Kaifeng', *Monumenta Serica,* XXXVIII (1989—1990), pp. 1—48 (5).

48. 童寯，《江南园林志》第二版（北京，1984），页 9。

49. Mote, 'Millenium', p. 49.

50. 黄省曾，《吴风录》，1 卷，学海类编，涵芬楼重刊本（上海，1920），页 3b。

51. 钱泳，《履园丛话》，清代史料笔记丛刊版，2 卷（北京，1979），页 522—523。

52. 郎瑛，《七修类稿》，世界书局版，2 卷本（台北，1984），卷 2，页 48。

53. 谢肇淛，《五杂俎》，册 1，页 103。

54. 谢肇淛，《五杂俎》，册 1，页 103，116。

55. 谢肇淛，《五杂俎》，册 1，页 116。

56. 朱勔是为宋徽宗搜求奇石的主事者；参见 Schafer（薛爱华），*Stone Catalogue,* p. 8.

57. 袁宏道，《袁中郎游记》，收入袁宏道，《袁中郎全集》，广智书局版（香港，出版日期不详），页 10—11。

58. 文震亨，《长物志校注》，江苏科技出版社版，陈植校注，杨超伯校订（南京，1984），页 41。

59. 文震亨，页 391。

60. 博克舍，页 132—133，99。克鲁兹所谓的喷泉可能是池塘，因为当时尚未利用水利学。

61. Handlin Smith（韩德琳），pp. 58, 60, 69.

62. 陈植和张公弛，页 228—233。

63. 《便民图纂》，中国古代科技图录丛编初集 2，中华书局复刻 1593 版，4 卷（北京，1959），卷 15，"制造类"。

64. Clunas, *Superfluous Things,* pp. 37—38 and 114.

65. 陈恒力编著，王达参校（编案：作者误以"王达参"为名），《〈补农书〉研究》（北京，1958），页 268。

66. 其内容列入《中国丛书综录》修订版，3 卷（上海，1982），页 48—50。

67. 俞宗本纂，《种树书》，1 卷，纳入胡文焕编，"格致丛书"，函 19，册 103，序。

68. 《种树书》，页 12a, 13b。

69. Bray, pp. 65—70.

70. 徐光启，页114。

71. Pierre Bourdieu, *Distinction: A Social Critique of the Judgement of Taste,* trans. Richard Nice (London 1984), passim.

72. Dardess, p. 296.

73. Dardess, pp. 363—366.

74. 汪道昆（1525—1593），《太函集》，转引自张海鹏、王廷元编，《明清徽商资料选编》（合肥，1985），页359—360。

75. 潘永因，《明稗类钞》（编于1662年），卷10，转引自谢国桢，III，页353。

76. Clunas, *Superfluous Things*, pp. 138—139, 有两个样例。

77. Handlin Smith（韩德琳），p. 69认为："共享的美学价值掩蔽了财富上的差别，园林的规模大小对于当地精英的社会性团结来说暗示并提供了一个基础。"关于"半亩园"，参见 J. L. van Hecken, CICM and W. A. Grootaers, CICM, 'The Half Acre Garden, *Pan-mou Yuan*', *Monumenta Serica,* XVIII (1956), pp. 360—387.

78. Susan Stewart, *On Longing: Narratives of the Miniature, the Gigantic, the Souvenir, the Collection* (Durham, NC, and London, 1993), p. 70.

79. Stewart, p. 35.

80. 关于"隐"（reclusion）这个概念，见Alan J. Berkowitz（柏士隐），'The Moral Hero: A Pattern of Reclusion in Traditional China', *Monumenta Serica,* XL (1992), pp. 1—32, 另亦同前，'Reclusion in Traditional China: A Selected List of References', *Monumenta Serica,* XL (1992), pp. 33—46.

81. Cahill, *Three Alternative Histories,* p. 63.

82. Chu-tsing Li（李铸晋）and James C. Y. Watt（屈志仁）, eds, *The Chinese Scholar's Studio: Artistic Life in the Late Ming Period* (New York, 1987), p. 33, 引用了元末文人孔齐。

83. Mori Masao（护雅夫），p. 36.

84. 童寯，页43。

85. 谢肇淛，《五杂俎》，册1，页118。另见Cahill, *Three Alternative Histories,* pp. 26—27.

86. 转引自童寯，页44。

87. 俞贞木，《深翠轩记》，转引自刘九庵，《吴门画家之别号图及鉴别举例》，载《故宫博物院院刊》IL/3 (1990)，页54—61 (55—56)。

88. 转引自童寯，页43。此文本为致陈继儒信札。

89. 文震亨，《长物志校注》，江苏科学技术出版社版，陈植校注，杨超伯校订（南京，1984），页 18。

90. Timothy Brook（卜正民），*Praying for Power: Buddhism and the Formation of Gentry Society in Late-Ming China*, (Cambridge and London, 1993), p. 28.

91. 金学智，《中国园林美学》（南京，1990），页 40—45。关于宋代皇家园林亦见 West, pp. 608—9。范仲淹的故事转引自 Handlin Smith（韩德琳），p.76；邵雍的诗转引自童寯，页 46。

92. 沈德符，页 606。

93. Craig Clunas, 'Ideal and Reality in the Ming Garden', pp.197—205.

94. Pasquale M. D'Elia, SJ, ed., *Fonti Ricciane* ..., 3 vols (Rome, 1942). II, p.64.

95. Handlin Smith（韩德琳）, p. 65.

96. 文本载杜联喆辑，《明人自传文钞》（台北，1977），页 256—257。

97. 沈瓒撰，《近事丛残》，转引自谢国桢，册 3，页 245—246。沈瓒（1558—1612，《近事》刊于 1586 年）是吴江本地人。

98. Peter Burke, '*Res et verba:* Conspicuous Consumption in the Early Modem World', in J. Brewer and R. Porter, eds, *Consumption and the World of Goods* (London, 1993), pp. 148—61 (152). 我在《长物》一书页 159 修订了这种定位，我当时低估了这些园林的开放性，以及它们在炫耀性展示中的作用。

99. David R. Coffin, 'The "Lex Hortorum" and Access to Gardens of Latium During the Renaissance', *Journal of Garden History,* II (1982), pp. 210—232.

100. 摘自王时敏《自述》，吴佩怡译，*The Confucian's Progress: Autobiographical Writings in Traditional China* (Princeton, 1990), p. 260.

101. 参见 Judith Zeitlin（蔡九迪）非常精妙的文章 'The Petrified Heart: Obsession in Chinese Literature, Art and Medicine', *Late Imperial China,* XII (1991), pp. 1—26.

102. 王心一，《归田园居记》，转引自陈植和张公弛，页 288。

103. Wang Yaoting, 'Tao hua yuan yu Hua xi yu yin', *Proceedings of the International Colloquium on Chinese Art History, 1991: Painting and Calligraphy*, National Palace Museum, 2 卷（台北，1992），页 279—305 (286)，引陈继儒《妮古录》，陈是董的密友。

104. 童寯，页 45，引董其昌《兔柴记》。

105. Rolf A. Stein, *The World in Miniature: Container Gardens and Dwellings in Far Eastern*

Religious Thought, translated by Phyllis Brooks, Edward H. Schafer 撰写了新序（Stanford, 1990）, pp. 25—42。在一篇评论中，我介绍了这部权威之作的一般内容，评论刊发于 *Journal of the Economic and Social History of the Orient,* XXXV (1993), pp. 370—372.

106.《姑苏志》中这段引文来自顾禄《清嘉录》（1830 年刊），卷 6，转引自谢国桢，册 1，页 73。

107.黄省曾，《吴风录》，1 卷，学海类编，涵芬楼重刊本（上海，1920），页 3b。

108.引自谢国桢编，《明代社会经济史料选编》，3 册（福州，1980—1981），册 1，页 70。

109.虎刺系一种亚洲本土的常绿灌木，叶有光泽，花有四瓣，结亮红浆果，可长久悬挂不掉。天然生长高度约五英尺。Thomas H. Everett, *The New York Botanical Garden Illustrated Encyclopaedia of Horticulture*, 10 vols (New York and London, 1981), III, p. 1008. 现代的矮生样例见付珊仪、柳尚华编，《盆景艺术展览》（北京，1979），页 102, 105。

110.顾起元，《客座赘语》，元明史料笔记丛刊版（北京，1987），页 17—18。

111.刘宗周，[增订]《人谱类记》，上海大兴图书公司版（上海，1935），页 113—115。关于这一文本，参见 Cynthia J. Brokaw（包筠雅），*The Ledgers of Merit and Demerit: Social Change and Moral Order in Late Imperial China* (Princeton, 1991), p. 134.

112.Handlin Smith（韩德琳），p. 75.

113.同上引书。

114.Shuzo Shiga（滋贺秀三）, 'Family Property and the Law of Inheritance in Traditional China', in *Chinese Family Law and Social Change in Historical and Comparative Perspective,* ed. David C. Buxbaum（包恒）(Seattle and London, 1978), pp. 109—150.

三　文氏园林

1. 文徵明，《甫田集》，明代艺术家集汇刊本，2 卷（台北，1968），重印了其去世后的 35 卷本，这是其著述的主要当代来源。

2. 文含纂修，《文氏族谱》，《曲石丛书本》，后引作 WSZP；另见 Ellen Johnston Laing（梁庄爱伦），'Wen Tien and Chin Chün-ming', *Journal of the Institute of Chinese Studies of the Chinese University of Hong Kong,* VIII (1976), pp. 411—422.

3. 转引自 Clunas, *Superfluous Things,* p. 164. 关于沈春泽，见前书，页 25。

4. 高晋，卷 32，页 2b 和卷 94，页 4a—5b。

5. 关于作为画家的文徵明的著述包括，Marc F. Wilson and Kwan S. Wong, *Friends of Wen Cheng-ming: A View from the Crawford Collection*, China House Gallery (New York, 1974); Anne de Coursey Clapp, *Wen Cheng-ming: The Ming Artist and Antiquity*, Artibus Asiae Supplementum 34 (Ascona, 1975); Richard Edwards, *The Art of Wen Cheng-ming (1470—1559)* (Ann Arbor, 1976), 江兆申，《文徵明与苏州画坛》，台北故宫丛刊甲种（台北，1977）；Cahill, *Parting,* pp. 211—239.

6. 文嘉，《先君行略》，收入《文徵明集》，周道振辑校，上海古籍出版社版，2册（上海，1987），册2，页1618—1624。

7. Peter Brown, *Society and the Holy in Late Antiquity* (Berkeley, Los Angeles and Oxford, 1989), pp. 131, 182—183.

8. Berkowitz, 'The Moral Hero', pp. 1—2.

9. 徐坚等，《初学记》，转引自孙云蔚，页23。所有农艺作家都强调了不可逾越的边界的重要性，例如徐光启，页1021，7英尺高的特别构建主要目的是为了"防贼"。

10. Ann van Erp-Houtepen, 'The Etymological Origins of the Garden', *Journal of Garden History,* VI (1986), pp. 227—231.

11. Mori, p. 46.

12. 文肇祉编，《文氏五家集》，4卷，钦定四库全书珍本初集版（上海，1934—1935），页1，16b—23a。后引作WSWJJ。

13. Cahill, *Parting,* p. 78 & pl. 25.

14. 《文徵明集》，册1，页95。

15. 《文徵明集》，册1，页127。

16. 《文徵明集》，册1，页165。

17. Sawada（泽田），p. 63. 关于钱同爱，与文友善的一个太医家庭的成员，履试不第，后来成为大书法收藏家。亦参见Clapp, *Tang Yin,* p. 60，文徵明为他题写了碑铭。

18. 《文徵明集》，册1，页177。顾氏（1433—1463）是其祖父文洪的第二任妻子，但跟文并无血缘关系，文系其祖父首任妻子陈氏一脉。Sawada（泽田），pp. 60—61.

19. 《文徵明集》，册1，页176，183。以可不好诣认，但《文徵明集》册1页210透露出他就是陈以可，文为他写的祭文见《文徵明集》，册1，页572—573。

20. 《文徵明集》，册1，页12，13—15。陈葵南不知何许人也。

21. 《文徵明集》，册1，页205。

22. 《文徵明集》，册 1，页 207。

23. 《文徵明集》，册 1，页 212。

24. 《文徵明集》，册 1，页 23—28。

25. 《文徵明集》，册 1，页 222。汤子重就是汤珍（MRZJ, 628）。

26. 《文徵明集》，册 1，页 236—237。

27. 《文徵明集》，册 1，页 236，240。

28. 《文徵明集》，册 1，页 254—255。

29. 《文徵明集》，册 1，页 268。文徵明作品集手稿里是"园"而不是"庄"，而"产"意味着可交换性。

30. 《文徵明集》，册 2，页 862—863，865—867。前者可以断定就是白昂（1435—1503；MRZJ 113—114），职为司寇，王鏊的同事。后者是王的女婿，徐晋（1505 年进士；MRZJ, 471），后为户部侍郎。

31. 《文徵明集》，册 2，页 1199，929。

32. 《文徵明集》，册 1，页 344。

33. 《文徵明集》，册 2，页 878，册 1 页 346 和册 2 页 987。

34. 《文徵明集》，册 2，页 991。

35. 《文徵明集》，册 2，页 993。

36. 《文氏族谱》，页 35a—38a。这并非文家的首部族谱，因为它把一个现已佚失的更早版本归到文林名下。

37. McDermott, 'Bondservants', p. 700.

38. 《文徵明集》，册 1，页 466—467。

39. 《吴县志》，卷 22，页 24b。

40. 《文氏族谱》，页 6b。

41. 顾苓是文肇祉之侄文震亨的曾外孙。Clunas, *Superfluous Things*, pp. 23—24.

42. 《文氏五家集》，卷 10，页 6a—b，7b。

43. 《文氏五家集》，卷 12，页 5a—b，5b，卷 13，页 3a—b。

44. 《文氏五家集》，卷 13，页 22a，24a。

45. 文肇祉，《文氏五家集》，钦定四库全书珍本初级本（上海，1934—1935），卷 12，页 11b—23a；卷 13，页 18a—b，25b；卷 14，页 12b—13a。

46. 文含纂修，《文氏族谱》，1 卷，曲石丛书本（福州，出版日期不详），页 6b。

47. 文元发，《清凉居士自序》，引自杜联喆，《明人自传文抄》（台北，1977），页 5—10；张慧剑，页 385。

48. Jerry Dennerline（邓尔麟），*The Chia-ting Loyalists: Confucian Leadership and Social Change in Seventeenth-century China* (New Haven and London, 1981), p. 51 把他描述为"有着翰林院关系网的博学多知的东林党领袖"。

49. 《文氏族谱》，页 8b。"薨"的用法在朱熹的《家礼》中有规定。Ebrey, *Chu Hsi's Family Rituals*, p. 100.

50. 《吴县志》，卷 22，页 44b。注意，这一章是关于"第宅"的，非关"园林"。在后者部分，并没有提及"药圃"，尽管把它描述成苏州园林中"最精彩的"。这会强化我们对把地方志作为可靠的全部调查对象的关注。

51. 参见刘敦桢，页 71。

52. 文震孟与顾锡畴、汪道昆和建园者祁彪佳一道，赞助编纂了颜茂猷《迪吉录》（"序"作于 1631 年），Brokaw, p.159.

53. 陈国栋，p.88.

54. 《吴县志》，卷 23，页 38b。

55. 《吴县志》，卷 23，页 50b。

56. 《天水冰山录》，（序于 1562 年），载《明武宗外纪》，中国历史研究资料丛书版，据上海神州国光社 1951 年版重印（上海，1982），页 165。

57. Frederic Wakeman Jr（魏斐德），*The Great Enterprise: The Manchu Reconstruction of Order in Seventeent-century China,* 2 vols (Berkeley, Los Angeles and London, 1985), p.978.

58. 《历世邱墓志》，载《文氏族谱》，页 29a—32b。

59. Ebrey, *Chu Hsi's Family Rituals,* pp. 10—11.

60. 转引自杜联喆，页 9。

61. 朱文杰，《无锡新发现明代高攀龙手书家信》，载《文物》，1986.4: 75—76，表明高及其三位兄弟每人持有 400 亩。

62. 同前引。

63. Craig Clunas, 'Some Literary Evidence for Gold and Silver Vessels in the Ming Period (1368—1644)', in *Pots and Pans: A Colloquium on Precious Metals and Ceramics,* ed. Michael Vickers and Julian Raby, Oxford Studies in Islamic Art 3 (Oxford, 1987), pp. 83—87.

64. 钱泳，《登楼杂记》，转引自谢国桢，册 3，页 341—342。

65. C. K. Yang（杨庆堃）, *Religion in Chinese Society: A Study of Contemporary Social Functions of Religion and Some of their Historical Factors* (Berkeley and Los Angeles, 1967), pp. 167—175.（中译：《中国社会中的宗教》，范丽珠译，四川人民 2016 年版）

66. 《历世礼典志》，载《文氏族谱》，页 33a—34b。

67. 他们的家世在清朝时期衰落，文天祥祠也一并随之荒落。1710 年有过不令人满意的重修，到 1730 年修族谱时，已经陷于迫近的倾圮之危险中。

68. Boxer, p. 103.

69. 坊标载《文氏族谱》，页 27a—b。

70. 《文氏族谱》，页 27b—28a。

71. Mote, 'Millenium', p. 59.

72. 苏州市文物保全委员会，《苏州虎丘塔出土文物》（北京，1958），页 1。

73. 1424 年首辅大臣杨士奇撰文记念这次重修，载文肇祉《虎丘山志》，卷 2。

74. Yuan Hung-tao（袁宏道）, *Pilgrim of the Clouds: Poems and Essays from Ming China*, translated by Jonathan Chaves (New York and Tokyo, 1978), p 93.

75. 王重民撰，《中国善本书提要》（上海，1983），页 206—207。Timothy Brook（卜正民），*Geographical Sources of Ming-Qing History*, Michigan Monographs in Chinese Studies 58 (Ann Arbor, 1988), p. 96. 有一个现已亡佚的更早版本的虎丘志，刊刻于洪武朝，王宾辑，成化年间刘辉重编。这些版本都只是简单汇编关于虎丘的记述，并无适用于地方志的地志学的或历史学的材料。我在国会图书馆（Loc V.B131.1 H86 W）检索了《虎丘山志》，虽不是最早的版本，但也是明刻本，因为它包含了 1445 年和 1660 年颁布的诏令誊本，其中涉及保存在虎丘寺中的佛经全本。

76. 文肇祉，《虎丘山志》，卷 1，页 20b—25a。

四 园林之象

1. Michel Foucault, *The Archaeology of Knowledge*, trans. A. M. Sheridan-Smith (New York, 1972), p. 47.

2. Lothar Ledderose（雷德侯）, 'Subject Matter in Early Chinese Painting Criticism', *Oriental Art*, n.s. XIX (1972), pp. 1—5.

3. Foucault, *Archaeology of Knowledge*, p. 49.

4. 金学智，页 53—60。

5. Joseph Needham（李约瑟），与 Wang Ling（王玲）合作, *Science and Civilization in China. Volume 3: Mathematics and the Sciences of the Heavens and the Earth* (Cambridge, 1959), pp. 645, 647. 本书还包含对古化石形成的较早的重要思考。

6. 王世贞，《弇州山人续稿》，18 卷，沈云龙主编，明人文集丛刊第 1 辑，第 22 种，文海出版社版（台北，1970），页 2405—2412。

7. 《文徵明集》，册 2，页 1275—1278，和《文徵明集》，册 1，页 497—502。

8. 吴佩怡，页 117。

9. Michel de Certeau, *The Practice of Everyday Life* (Berkeley, Los Angeles and London, 1984), p. 117.

10. De Certeau, pp. 118—122.

11. Michel Cartier, 'Une nouvelle historiographie chinoise. La formation d'un marché national vue par Wu Chengming: *Annales,* XXXXI (1986), pp. 1303—1312.

12. 关于制图学，参见 Needham（李约瑟），*Volume 3,* pp. 497—590. 芝加哥大学社出版的 *History of Cartography* 一书中相关卷册接续了这个专题，其中的一些论述在 Cordell D. K. Yee（余定国）的文章 'A Cartography of Introspection: Chinese Maps as Other than European' 中已有预演，文章载 *Asian Art,* v/4 (1992), pp. 29—47.

13. 《便民图纂》，卷 1。

14. De Certeau, p. 123.

15. Cao Xueqin（曹雪芹），*The Story of the Stone*（《红楼梦》），translated by David Hawkes and John Minford, 5 vols (Harmondsworth, 1972—1986), 1, pp. 324—325，转引自 Yi-fu Tuan（段义孚），'Language and the Making of Place: A Narrative-Descriptive Approach', *Annals of the Association of American Geographers,* LXXXI (1991), pp. 684—696 (691).

16. Coffin, *The Villa,* p. 187; Williams, 'Rural Economy', p. 74.

17. 其景观名称的全名单见 C. Ferguson（福开森），'Wang Ch'uan', *Ostasiatische Zeitschrift,* III (1914—1915), pp. 51—60 (54)，关于它们的诗见 *Poems of Wang Wei,* translated with an introduction by G. W. Robinson (Harmondsworth, 1973), pp. 27—33. 明代的拓片据信为王维亡佚的手稿，见 Berthold Laufer（劳费），'The Wang Ch'uan Tu, a Landscape of Wang Wei', *Ostasiatische Zeitschrift,* 1 (1912—1913), pp. 28—55.

18. Robert E. Harrist Jr（韩文彬），'Site Names and their Meanings in the Garden of Solitary

Enjoyment', *Journal of Garden History,* XIII (1993), pp. 199—212. 金学智（页 49—50）同样指出过这一点。

19. 《文徵明集》，册 2，页 1205—1213。

20. Stuart（页 170）认为在园林设计方案中这是核心地带。

21. Richard Edwards（艾瑞慈），*The Field of Stones: A Study of the Art of Shen Chou (1427—1509)* (Washington, DC, 1962), cat. no. XLIII, pl. 36, pp. 59—61, 讨论了沈周 1499 年作的一幅张天师洞的手卷，并配了插图。Richard M. Barnhart（班宗华），*Peach Blossom Spring: Gardens and Flowers in Chinese Painting* (New York, 1983), pp. 101—104 作为插图选了后来石涛（1642—1707）的作品，现藏于纽约大都会艺术博物馆。

22. 陈植和张公弛，页 105，引用了《宜兴荆溪县志》。

23. 这里面包括王阳明最亲密的弟子王畿（1498—1563；DMB 1351—1355），他也崇信道教，范钦（也是 1532 年进士；MIZJ 363），著名的天一阁藏书楼主，和皇甫汸，已经和文徵明之孙文肇祉经常来往的友人。其碑铭为时任内阁首辅李春芳（1511—1585；DMB 818—819）所撰，李与道教有联系，也是嘉靖朝"青词"的作者。Liu Ts'un-yan（柳存仁），'The Penetration of Taoism into the Ming Neo-Confucian Elite', Toung Pao（《通报》），57(1971), pp. 31—102 (57—58). 这些崇信道教者中的另一个大学士作者是严讷（1511—1584; NRZJ 946），也写过一篇悼词，礼部尚书万士和（1516—1586）也同样。

24. 前者作为插图刊于 Stuart, p. 167, 图 7, 后者作为插图刊于 Li and Watt, cat. no. 6, pp. 147—148。

25. Alice R. M. Hyland, 'Colophons Written by Wen Jia (1501—1583)', *Oriental Art,* n.s. XXXVIII (1992); pp. 134—144 (p. 141 and fig. 11). 一部现藏于南京博物院的 21 页的画册据称是遗失的原作，而非一份较早的质量较优的仿本。

26. *Eight Dynasties of Chinese Painting: The Collections of the Nelson Gallery - Atkins Museum of Art, Kansas City, and the Cleveland Museum of Art,* 内收以下诸人的文章：Wai-kam Ho（何惠鉴），Sherman E. Lee（李雪曼），Laurence Sickman（史克门）以及 Marc F.Wilson（武丽生）(Cleveland, 1980), no. 155, pp. 187—190。

27. John Barrell, 'The Public Prospect and the Private View: The Politics of Taste in Eighteenth-century England', in Simon Pugh, ed., *Reading Landscape,* pp. 19—40。

28. 王之焕的诗见《全唐诗》，12 卷，中华书局版（北京，1960），页 2849。

29. 文肇祉，《虎丘山志》，卷 1，页 5a。

30. Cahill, *Parting,* p. 217 and colour pl. 13.

31. Ellen Johnston Laing（梁庄爱伦）, 'Qiu Ying's Depiction of Sima Guang's Duluo [sic] Yuan and the View from the Chinese Garden, *Oriental Art,* n.s. XXXIII (1987), pp. 375—380. 此画收于 *Eight Dynasties of Chinese Painting,* pp. 206—209，图 166。

32. Laing, 'Qiu Ying's Depiction', p. 379，引 Hans H. Frankel（傅汉思）, 'The Contemplation of the Past in T'ang Poetry', 载 *Perspectives on the T'ang,* ed. Arthur F. Wright and Denis Twitchett（New Haven and London, 1973), pp. 345—366 (346)。

33. *Eight Dynasties*, p. 206. 仇英与项庙谟的确切关系仍然不清楚；参见汪世清文《董其昌的交游》中的家族谱系, in Wai-kam Ho（何惠鉴）and Judith G. Smith, eds, *The Century of Tung Ch'i-ch'ang, 1555—1636,* 2 vols (Seattle and London, 1992), 11, pp. 461—483 (470).

34. 归有光，页 369，陈植和张公弛，页 228—233。

35. 张丑,《清河书画舫》, 转引自刘九庵, 页 55。

36. 这些名号背后的神秘指涉在明人笔记里经常有解释，例如沈德符，卷 2，页 584—585。

37. Cahill, *Parting,* p. 78.

38. Richard Vinograd（文以诚）, 'Family Properties: Personal Context and Cultural Pattern in Wang Meng's *Pien Mountains* of 1366', *Ars Orientalis,* XIII (1982), pp. 1—29 (11). 关于"家山"的绘画的重要性的指认，可见 A. J. Hay, *Huang Kung-wang's 'Dwelling in the Fu-ch'un Mountains': Dimensions of a Landscape,* PhD diss., Princeton University, 1978, p. 224. 关于十七世纪对山林产权的理解如何持续发挥影响力，参见 J. P. McDermott, 'The Making of a Chinese Mountain, Huangshan: Politics and Wealth in Chinese Art', *Art and Power in Japan and China, Asian Cultural Studies* 专号，International Christian University Publications III-A (Tokyo, 1989), pp. 145—176 (163).

39. 孔晨指出过这一点，见《聊以画图写清居——谈以园林、庭院为题材的吴门绘画》，载《故宫博物院院刊》IL (1990)，页 87—91（89）。

40. Dardess, p. 352.

41. Clapp, *T'ang Yin,* pp. 27, 32.

42. Clapp, *T'ang Yin,* p. 57.

43. 刘九庵, 页 55—56.

44. 许忠陵在其《杜琼和他的两幅山水画》一文中讨论过，载《文物》(1991.9)，页 74—77。

45. Clapp, *T'ang Yin,* p. 56.

46. 温建,《文徵明〈真赏斋图〉》, 载《文物》(1978.6), pp. 89—90。为华夏的绘制日期见张慧剑, 页 157, 229。

47. Nicholas Thomas, *Entangled Objects: Exchange, Material Culture and Colonialism in the Pacific* (Cambridge, MA, and London, 1991), p. 63.

48. Shuzo Shiga（滋贺秀三）, 'Family Property', p. 146.

49. Arjun Appadurai, 'Introduction: Commodities and the Politics of Value', in Arjun Apadurai, ed., *The Social life of Things: Commodities in Cultural Perspective* (Cambridge, 1986), pp. 3—63 (5), 转引自 Clunas, *Superfluous Things,* p. 2.

50. James Cahill, 'Types of Artist-Patron Transactions in Chinese Painting', in Chu-tsing Li（李铸晋）, ed., *Artists and Patrons: Some Social and Economic Aspects of Chinese Painting* (Lawrence, KS, 1989), pp. 7—20 (8).

51. 张慧剑, 页 265, 288。

52. 转引自金学智, 页 51。

53. 金学智, 页 51。

54. Handlin Smith（韩德琳）, p. 64.

55. 转引自童寯, 页 45。

56. 钱泳（页 522—523）就把狮子林中二三月份的游人比作张泽端的《清明上河图》。

57. 关于这一文献参见柯律格《长物》第一章各处。

58. 文震亨, 页 20。

59. 同上书, 页 41。

60. 同上书, 页 46。

61. 同上书, 页 50。

62. 同上书, 页 53。

63. Clunas, *Superfluous Things,* pp. 54—56.

64. 文震亨, 页 68。

65. 同上书, 页 80—81, 360, 391。

66. 同上书, 页 56, 62。

67. 此用语及其在晚明关于品味的论述中的应用, 参见 Clunas, *Superfluous Things,* pp. 86—87。

68. 文震亨，页 78。
69. 同上书，页 96—97。
70. 同上书，页 95。
71. 同上书，页 102。
72. 同上书，页 102—103。
73. 同上书，页 109—110。
74. 同上书，页 112—113。
75. 同上书，页 113。
76. 同上书，页 113—114。
77. 同上书，页 121。
78. 同上书，页 364。
79. Ji Cheng（计成），*The Craft of Gardens*（《园冶》），translated by Alison Hardie，photographs by Zhong Ming, with a foreword by Maggie Keswick (New Haven and London, 1988). 对于这部书的评论可参见 Jan Stuart in *Journal of the Society of Architectural Historians,* IL (1990), pp. 213—214 和 Joe McDermott in *Garden History,* Journal of the Garden History Society, XVIII (1990), pp. 70—74。我使用的中文版为计成《园冶注释》(陈植注释，杨伯昭校订，陈从周校阅，中国建筑工业出版社［北京，1988］)，这些文本在阿德莱德大学建筑系的 Stanislaus Fung（冯仕达）的论文中形成了分离的观点，其论文强调了超越文献解读之外的重要性，它将会拓展我们对于其在中国园林话语中"经典"定位的理解。
80. McDermott，*The Craft of Gardens*（《园冶》）的书评，页 72。
81. Ji Cheng（Hardie 译文），p.35.

五　园林与数

1. Ho Peng Yoke（何丙郁），'Chinese Science: The Traditional Chinese View', *Bulletin of the School of Oriental and African Studies,* LIV (1991), pp.506—519. Ho Peng Yoke（何丙郁），*Li, Qi and Shu: An Introduction to Science and Civilization in China* (Seattle and London, 1985), pp.6—7.
2. Smith（司马富），p.123.
3. 比如 Andrew March, 'An Appreciation of Chinese Geomancy', *Journal of Asian Studies,* XXVII

(1968), pp. 253—267; Stephen D. R. Feuchtwang（王斯福）, *An Anthropological Analysis of Chinese Geomancy*（Vientiane, 1974，1982 年台北重印）; Smith, pp.131—172; Fan Wei, 'Village *Fengshui* Principles', in *Chinese Landscapes: The Village as Place,* ed. Roland G. Knapp (Honolulu, 1992), pp.35—45。

4. Smith（司马富）, p.131，表明在清代也同样如此。明代文人精英对风水一词的使用，很少出现在有关风水的著述的标题里，参见郎瑛，卷 2，页 823，亦见 Harriet T. Zurndorfer, *Change and Continuity in Chinese Local History: The Development of Hui-chou Prefecture 800 to 1800* (Leiden, 1989), p.240.

5. 顾起元，页 311。

6. Feuchtwang, pp. 17—18. Smith, p.133，引用了一段明人记述，里面福建学派被称为"宗祠法"（Ancestral Temple method），并被描述为"罕见"。

7. Patricia Buckley Ebrey（伊沛霞）, *Confucianism and Family Rituals in Imperial China: A Social History of Writing about Rites* (Princeton, 1991), pp.114—115, 138—141.

8. Zurndorfer, pp. 239—241，讨论了徽州风水实践的模糊地位。

9. D'Elia, *Fonti Ricciane,* I, p.96.

10. 谢肇淛，页 242—246。

11. 谢使用了"时师"这一术语，字面意思就是"时间的大师"，在明代文本中通常用来指"风水师"（geomancer）；参见 Klaas Ruitenbeek（鲁克思）, *Carpentry and Building in Late Imperial China: A Study of the Fifteenth-century Carpenter's Manual 'Lu Ban Jing'* (Leiden, New York and Cologne, 1993), p.16.

12. 部分译文亦见 Eduard B. Vermeer, 'The Decline of Hsing-hua Prefecture in the Early Ch'ing', in *Development and Decline of Fukien Province in the 17th and 18th Centuries,* ed. E. B. Vermeer (Leiden, 1990), pp.101—161 (154—155).

13. 谢肇淛，页 246—247。

14. Dardess, pp.345—346.

15. 顾起元，页 161—162。

16. 郎瑛，卷 2，页 824—825。

17. 更多明人对堪舆术的批判事例见 Ebrey（伊沛霞）, *Confucianism and Family Rituals,* p.172, 和 Ebrey, trans., *Chu Hsi's Family Rituals*（朱熹《家礼》）, p.106, n.118.

18. 文徵明集，册 1，页 299。此山的风水联系张家骥（页 189）也注意到了，司马富（Smith,

p.147）也讨论过北京的风水问题。在明代文献中，茂林总是标志着在风水学上受喜爱的场址，这也许是有关园林的记述中值得探究的论题。

19. Hargett, p. 7.

20. 《文徵明集》，册2，页498。

21. Smith（司马富），pp.371—372.

22. Joan Hornby, 'China', in *Ethnographic Objects in the Royal Danish Kunstkammer,* ed Bente Dam-Mikkelsen and Torben Lundbaek (Copenhagen, 1980), pp. 155—219 (116).

23. 《文徵明集》，册2，页500。

24. 司马富（Smith, p. 159）认为这三者通过"阴阳互补"全都是紧密相关的。

25. Roger Goepper（郭乐知），*The Essence of Chinese Painting* (London, 1963), pp.147—174.

26. Hay, *Huang Kung-wang's 'Dwelling in the Fu-ch'un Mountains'*, p.239.

27. Susan Bush（卜寿珊）, 'Long-mo, Kai-ho and Ch'i-fu: Some Implications of Wang Yuan-ch'i's Three Compositional Terms', *Oriental Art,* n.s. VIII (1962), pp. 120—127; John B. Henderson, *The Development and Decline of Chinese Cosmology* (New York, 1984), pp.196—197, 228—237.

28. 《吴县志》，卷23，页43b。

29. Ruitenbeek, pp.38, 61.

30. *The Plum in the Golden Vase, or Chin P'ing Mei: Volume One: The Gathering*（《金瓶梅》），trans. David Tod Roy (Princeton, 1994), p.295.

31. 对此的一个证明是，在某种语境中，集体记忆把风水考量归因于地形特征，但现在却很难通过观察土地的位置而直觉到这些，参见 Patrick H. Hase and Lee Man-yip, 'Sheung Wo Hang Village, Hong Kong: A Village Shaped by *Fengshui*', in *Chinese Landscapes: The Village as Place,* ed. Roland G. Knapp (Honolulu, 1992), pp.79—94.

32. Ruitenbeek, pp. 278—288 (reproduced are quatrains nos 63 and 67).

33. 转引自 Ruitenbeek, p.38.

34. 文震亨，页36—37。

35. 谢肇淛，页245。

36. 文震亨，页36—37，有一份这类"忌讳"的列举。

37. 例如 Ruitenbeek, p.70.

38. 文震亨，页118。

39. 文震亨，页 111。

40. Ruitenbeek, p.288（四行诗第 64 首）。

41. 关于人的表情与地形的联系参见 Mette Siggstedt, 'Forms of Fate: An Investigation of the Relationship Between Formal Portraiture, Especially Ancestor Portraits, and Physiognomy（相术）in China', *Proceedings of the International Colloquium on Chinese Art History: Painting and Callligraphy,* 2 vols, National Palace Museum (Taipei, 1992), II; pp. 713—748.

42. Ji Cheng（计成，Hardie 译），pp.45, 54.

43. Beattie, pp. 5—7.

44. Frank Leeming, 'Official Landscapes in Traditional China', *Journal of the Economic and Social History of the Orient,* XXIII (1980), pp.153—204.

45. 规整秩序化的冲动始终存在。1432 年，苏州的地方长官提议把土地按每 500 亩为一单元来划分。Hamashima Atsutoshi（滨岛敦俊）, 'The Organization of Water Control in the Kiangnan Delta in the Ming Period', *Acta Asiatica,* XXXVIII (1980), pp.69—92 (81).

46. Timothy Brook（卜正民）, 'The Spatial Structure of Ming Local Administration', *Late Imperial China,* VI (1985), pp.1—55.

47. Ray Huang（黄仁宇）, *Taxation and Governmental Finance in Sixteenth-century Ming China* (Cambridge, 1974), pp. 99—100.

48. 韦庆远，《明代黄册制度》（北京，1961），页 111—120。

49. Peter H. Lee, *A Korean Storyteller's Miscellany: The 'P'aegwan chapki' of Ŏ Sukkwŏn* (Princeton, 1989), pp. 74—76.

50. 比如，思想家王艮的家产即有描述，见《重镌心斋王先生全集》，8 卷（1631 年刊）。一幅手绘徽州吴氏家系图引用于 Harriet T. Zurndorfer, *Change and Continuity in Chinese Local History: The Development of Hui-chou Prefecture 800 to 1800,* Sinica Leidensia 20 (Leiden, 1989), p. 135, *n.* 75.

51. Kang Chao（赵冈）, 'New Data on Land Ownership in Ming-Ch'ing China: A Research Note', *Journal of Asian Studies,* XL (1981), pp. 719—734 (733).

52. Kang Chao（赵冈）, *Man and Land in Chinese History: An Economic Analysis* (Stanford, 1986), p. 96, 这便使一种常见的解释打了折扣，即土地在继承人之间平均分配，成为土地细碎化的主因。

53. Huang（黄仁宇），pp.98—99.

54. Hamashima, p. 77.

55. 同上书，pp. 73—74, 81, 84.

56. 杜石然，《明代数学及其社会背景》，载《自然科学史研究》，1989 年第 8 期，页 9—16(10)。

57. Needham（李约瑟），*Science and Civilisation in China,* Ⅲ, p. 25; Frank J. Swetz（斯怀兹），*The Sea Island Mathematical Manual: Surveying and Mathematics in Ancient China* (University Park, PA, 1992), p. 9.

58. Kang Chao（赵冈），*Man and Land,* pp. 70—71.

59. 同上书，pp. 71—73。更多细节见同一作者赵冈，《明清地基研究》，载《中央研究院近代史研究所集刊》，第 19 期（1980），页 37—59（46—51）。

60. 但请参见 Ray Huang（黄仁宇），*1587, A Year of No Significance: The Ming Dynasty in Decline*（《万历十五年》）(New Haven and London, 1981), pp.138—141，书中讨论了一个非常大的不同点。

61. 海瑞，《海瑞集》，2 卷（北京，1962），页 190—201。

62. 何良俊撰，《四友斋丛说》，元明史料笔记丛刊，中华书局版（北京，1983），页 113，121。

63. 杜联喆，页 7。

64. Michael Baxandall, *Painting and Experience in Fifteenth-century Italy: A Primer in the Social History of Pictorial Style* (Oxford and New York, 1972), pp.86—93.

65. Needham（李约瑟），Ⅲ, pp.75—76.

66. Cosgrove, p. Ⅲ.

67. H. F. Schurman, 'Traditional Property Concepts in China', *Far Eastern Quarterly,* XV (1956), pp. 507—516.

68. G. E. Aylmer, 'The Meaning and Definition of "Property" in Seventeenth-century England', *Past and Present,* LXXXVI (1980), pp. 87—97.

69. 例如 Inden, p.144.

70. Mote（牟复礼），'A Millenium', p.64, n.20.

71. Burke, p. 152.

72. Cosgrove, p.71.

73. 钱泳，页 17。吴三桂婿系荒圮的拙政园的园主和修复者。

74. Romeyn Taylor, 'Official and Popular Religion and the Political Organization of Chinese

Society in the Ming', in *Orthodoxy in Late Imperial China,* ed. Kwang-ching Liu（刘广京）（Berkeley, Los Angeles and Oxford, 1990), pp.126—157 (151).

75. Ebrey（伊沛霞）, *Chu Hsi's Family Rituals,* p. 109, n. 130. 比如明代买地券的例子见陈柏泉，《江西出土地券综述》，《文物》（1987.3），页 223—231，亦见 Ikeda On, 'Chugoku rekidai boken rakkyo', *Toyo bunka kenkyujo kiyo,* LXXXVI (1981), pp.193—278.

76. Ebrey（伊沛霞）, *Confucianism and Family Ritual,* p.84.

77. Shuzo, p.149.

78. C. B. McPherson, *The Political Theory of Possessive Individualism from Hobbes to Locke* (Oxford, 1962).

79. Zurndorfer, pp.83—84.

80. 钱泳，页 524。

81. 陶富海，《山西襄汾丁村民居》，《文物》（1992.6），页 63—62（62）。

82. He Liangjun（何良俊），p. 312.

83. Stewart, p. 127.

结　论

1. 未署名，《揭露矛盾，畅所欲言——文化部邀请在京文物专家举行座谈》，载《文物参考资料》（1957 年第 6 期），页 3—7。

2. 下一篇文章以野蛮的批评开场，《全国文物工作者团结起来，在党的旗帜下粉粹右派分子的进攻——诉陈梦家等的谬论》，《文物参考资料》（1956 年 8 月），页 1—2。

3. 《扬州画舫录》，转引自童寯，页 28。

4. 高晋，卷 99，页 4a—5b, 6a—7b。

5. Jean Claude Philippe Isidore Hedde, *Description méthodique des produits divers recueillis dans un voyage en Chine* (St Etienne, 1848), p. 81, cat. no. 388. 苏州地图在第 77 页。

6. Mote, 'Millenium', p.47, 引用了 Hampden C. Du Bose（杜步西），'*Beautiful Soo*': *A Handbook to Soochow* (Shanghai, 1911).

7. F. R. Nance, *Soochow, The Garden City* (Shanghai, 1936)。

8. 刘敦桢，《苏州古建筑调查记》，中国营造学社（北京，1936），页 3。

9. Nance, p.42.

10. 苏州园林博物馆编,《苏州园林博物馆建馆纪念》(苏州,1992),对博物馆的布局设计有大量描述。亦见《苏州园林博物馆建馆资料汇编》(汇集了有关苏州园林博物馆建馆的大量史料)(苏州,1992)。

11. 比如 Kiyohiko Munakata(宗像清彦),'Mysterious Heavens and Chinese Classical Gardens', *Res*, XV (1988), pp.61—88.

12. Pei-yi Wu(吴佩怡),pp.201—203: Brook(卜正民)的 *Praying for Power* 富含暗示,比如,他注意到(p.255)1631年为一座宁波寺院建造的园子。

13. *The Plum in the Golden Vase*(《金瓶梅》),pp.377—379.

14. Jack M. Potter, 'Cantonese Shamanism', in *Religion and Ritual in Chinese Society,* ed. Arthur P. Wolf (Stanford, 1974), pp.207—231 (213).

15. Celeste Olalquiaga, *Megalopolis: Contemporary Cultural Sensibilities* (Minneapolis and Oxford, 1992), p.93.

参考文献

Anon., 'Social Gatherings in the Ming Period', *Annual Report of the Librarian of Congress for 1940,* 1974 reprint edn, compiled by P. K. Yu, vol. Ⅱ , pp. 648—650

未署名,《揭露矛盾,畅所欲言——文化部邀请在京文物专家举行座谈》,载《文物参考资料》(1957年第6期),页 3—7

Appadurai, Arjun, 'Introduction: Commodities and the Politics of Value', in Arjun Appadurai, ed., *The Social life of Things: Commodities in Cultural Perspective* (Cambridge, 1986), pp.3—63

Austen, Ralph, *A Treatise of Fruit-Trees together with The Spirituall Use of an Orchard* (Oxford, 1653), The English Landscape Garden reprint edn, edited with introductory notes by John Dixon Hunt (New York and London, 1982)

Aylmer, G. E., 'The Meaning and Definition of "Property" in Seventeenth-century England', *Past and Present,* LXXXVI (1980), pp.87—97

Barnhart, Richard M., *Peach Blossom Spring: Gardens and Flowers in Chinese Painting* (New York, 1983)

Barrell, John, *The Idea of Landscape* (Cambridge, 1972)

——, *The Dark Side of the Landscape* (Cambridge, 1983)

——, 'The Public Prospect and the Private View: The Politics of Taste in Eighteenth- century Britain', in Simon Pugh, ed., *Reading Landscape,* pp.19—40

Baxandall, Michael, *Painting and Experience in Fifteenth-century Italy: A Primer in the Social History of Pictorial Style,* 2nd edn (Oxford and New York, 1988)

Beattie, Hilary J., *Land and Lineage in China: A study of T'ung-ch'eng county, Anhwei, in the Ming and Ch'ing dynasties,* Cambridge Studies in Chinese History Literature and Institutions (Cambridge, 1979)

Berkowitz, Alan J., 'The Moral Hero: A Pattern of Reclusion in Traditional China', *Monumenta Serica,* XL (1992), pp.1—32

——, 'Reclusion in Traditional China: A Selected List of References', *Monumenta Serica*, XL (1992), pp. 33—46

《便民图纂》，中国古代科技图录丛编初集 2，中华书局影印 1593 年刻本，4 卷（北京，1959）

Bickford, Maggie et al., *Bones of Jade, Soul of Ice: The Flowering Plum in Chinese Art,* Yale University Art Gallery (New Haven, 1985)

Bourdieu, Pierre, *Distinction: A Social Critique of the Judgement of Taste,* trans. Richard Nice (London, 1984)

Boxer, C. R., ed., *South China in the Sixteenth Century,* The Hakluyt Society, 2nd series, vol. 106 (London, 1953)

Bray, Francesca, *Science and Civilisation in China: Volume 6, Biology and Biological Technology. Part II: Agriculture* (Cambridge, 1984)

(British Museum), *Chinese and Associated Lacquer from the Garner Collection* (London, 1973)

Brokaw, Cynthia J., *The Ledgers of Merit and Demerit: Social Change and Moral Order in Late Imperial China* (Princeton, 1991)

Brook, Timothy, 'The Spatial Structure of Ming Local Administration', *Late Imperial China*, 6/1 (1984), pp. 1—55

——, *Geographical Sources of Ming-Qing History,* Michigan Monographs in Chinese Studies 58 (Ann Arbor, 1988)

Brown, Peter, *Society and the Holy in Late Antiquity* (Berkeley, Los Angeles and Oxford, 1989)

Burke, Peter, *'Res et verba:* Conspicuous Consumption in the Early Modem World', in J. Brown and R. Porter, eds, *Consumption and the World of Goods* (London, 1993)

Bush, Susan, 'Lung-mo, K'ai-ho and Ch'i-fu: Some Implications of Wang Yuan- ch'i's Three Compositional Terms', *Oriental Art*, n.s. VIII (1962), pp.120—127

Cahill, James, *Parting at The Shore: Chinese Painting of the Early and Middle Ming Dynasty, 1368—1580* (New York and Tokyo, 1978)

——, *Three Alternative Histories of Chinese Painting,* The Franklin D. Murphy Lectures, Spencer Museum of Art, The University of Kansas (Lawrence, KS, 1988)

——, 'Types of Artist-Patron Transactions in Chinese Painting', in Chu-tsing Li, ed., *Artists and Patrons: Some Social and Economic Aspects of Chinese Painting* (Lawrence, KS, 1989)

Cao Xueqin（曹雪芹）, *The Story of the Stone*（《红楼梦》）, trans. David Hawkes and John Minford, 5 vols (Harmondsworth, 1972—1986)

Cartier, Michel, *Une réforme locale en Chine au XVIe siecle. Hai Rui à Chun'an, 1558—1562,* Le Monde d'outre-mer passe et present, Première série, Etudes, 39 (Paris, 1973)

——, 'Une nouvelle historiographie chinoise. La formation d'un marché national vue par Wu Chengming', *Annales,* XLI/6 (1986), pp. 1303—1312

Chan, Wing-Tsit, 'Man and Nature in the Chinese Garden', in Henry Inn, *Chinese Houses and Gardens,* ed. Shao Chang Lee, revd edn (New York, 1950)

Chao Kang, 'New Data on Land Ownership in Ming-Ch'ing China: A Research Note', *Journal of Asian Studies,* 40 (1981), pp.719—734

——, *Man and Land in Chinese History: An Economic Analysis* (Stanford, 1986)

陈柏泉，《江西出土地券综述》，载《文物》（1987年第3期），页223—231

陈从周，《苏州园林》（上海，1956）

陈国栋，《哭庙与焚儒服——明末清初生员层的社会性动作》，《新史学》3/1（1992），页69—94

陈恒力、王达，《〈补农书〉研究》（北京，1958）

陈植、张公弛选注，《中国历代名园记选注》（合肥，1983）

《重镌心斋王先生全集》，8卷（1631）

陈焕镛，《中国经济树木》（上海，1921）

Clapp, Anne de Coursey, *Wen Cheng-ming: The Ming Artist and Antiquity*, Artibus Asiae Supplementum 34 (Ascona, 1975)

——, *The Painting of T'ang Yin* (Chicago, 1991)

Clunas, Craig, *Superfluous Things: Material Culture and Social Status in Early Modem China* (Cambridge, 1991)

—— 'Some Literary evidence for Gold and Silver Vessels in the Ming Period (1368—1644)', in Michael Vickers and Julian Raby, eds, *Pots and Pans: A Colloquium on Precious Metals and Ceramics,* Oxford Studies in Islamic Art 3 (Oxford, 1987), pp. 83—87

——, 'Ideal and Reality in the Ming Garden', in Erik de Jong and Leslie Tjon Sie Fat, eds, *The Authentic Garden* (Amsterdam, 1991), pp. 197—205

——, 'Regulation of Consumption and the Institution of Correct Morality by the Ming State', in

Chün-chieh Huang and Erik Zürcher, eds, *Norms and the State in China,* Sinica Leidensia 28 (Leiden, New York and Cologne, 1993), pp. 39—49

——, review of Rolf A. Stein, *The World in Miniature*, in *Journal of the Economic and Social history of the Orient*, XXXV (1993), pp. 370—372

Coffin, David R., *The Villa in the Life of Renaissance Rome* (Princeton, 1979)

——, 'The "Lex Hortorum" and Access to Gardens of Latium During the Renaissance', *Journal of Garden History*, II /3 (1982), pp. 210—32

Cosgrove, Denis, *The Palladian Landscape* (University Park, PA, 1993)

Currie, Christopher K., 'Fishponds as Garden Features, *c.* 1550—1750', *Garden History*, Journal of the Garden History Society, XVIII (1990), pp. 22—46

单士元,《明代建筑大事年表》,影印原中国营造学社 1926 年版(台北,1976)

Dardess, John W., 'Settlement, Land Use, Labor and Estheticism in T'ai-ho County, Kiangsi', *Harvard Journal of Asiatic Studies*, IL/2 (1990), pp. 295—364

De Certeau, Michel, *The Practice of Everyday Life*, trans. Steven Rendell (Berkeley, Los Angeles and London, 1984)

Dennerline, Jerry, *The Chia-ting Loyalists: Confucian Leadership and Social Change in Seventeenth-century China* (New Haven and London, 1981)

D'Elia, Pasquale M., SJ, ed., *Fonti Ricciane* ..., 3 vols (Rome, 1942)

杜石然,《明代数学及其社会背景》,载《自然科学史研究》,VIII/I (1989),页 9—16

杜联喆,《明代自传文钞》(台北,1977)

Ebrey, Patricia Buckley, *Chu Hsi's Family Rituals: A Twelfth-century Chinese Manual for the Performance of Cappings, Weddings, Funerals and Ancestral Rites*, trans., with annotation and introduction, by Patricia Buckley Ebrey, Princeton Library of Asian Translations Series (Princeton, 1991)

——, *Confucianism and Family Ritual in China: A Social History of Writing about Rites* (Princeton, 1991)

Edwards, Richard, *The Field of Stones: A Study of the Art of Shen Chou (1427—1509),* Smithsonian Institution, Freer Gallery of Art Oriental Studies no. 5 (Washington, dc, 1962)

——, *The Art of Wen Cheng-ming (1470—1559)*, with an essay by Anne De Coursey Clapp, and special contributions by Ling-yun Shih Liu, Steven D. Owyoung, James Robinson and other seminar members, 1974—1975 (Ann Arbor, 1976)

Eight Dynasties of Chinese Painting: The Collections of the Nelson-Atkins Museum of Art, Kansas City, and the Cleveland Museum of Art, with essays by Wai-kan Ho, Sherman E. Lee, Laurence Sickman and Marc F. Wilson (Cleveland, 1980)

Everett, Thomas H., *The New York Botanical Garden Illustrated Encyclopaedia of Horticulture*, 10 vols (New York and London, 1981)

Fan Wei, 'Village *Fengshui* Principles', in Roland G. Knapp, ed., *Chinese Landscapes: The Village as Place* (Honolulu, 1992), pp.35—45

Ferguson, John C., 'Wang Ch'uan', *Ostasiatische Zeitschrift*, III (1914—15), pp. 51—60

Feuchtwang, Stephen D. R., *An Anthropological Analysis of Chinese Geomancy* (Vientiane, 1974, reprinted Taibei 1982)

Foucault, Michel, *The Archaeology of Knowledge*, trans. A. M. Sheridan-Smith (New York, 1972)

——, *The Order of Things: An Archaeology of the Human Sciences*, trans. Alan Sheridan-Smith (London, 1989)

——, 'Of Other Spaces', *Diacritics*, XVI (Spring 1981), pp. 22—27

Frankel, Hans H., 'The Contemplation of the Past in T'ang Poetry', in Arthur F. Wright and Denis Twitchett, eds, *Perspectives on the T'ang* (New Haven and London, 1973), pp. 345—366

傅珊仪、柳尚华编，《盆景艺术展览》（北京，1979）

高泳源，《古代苏州城市景观的历史地理透视》，载《历史地理》1990 年第 7 期，页 62—71

高晋纂，《南巡盛典》，1771 年序，120 卷版

Goepper, Roger, *The Essence of Chinese Painting*, trans. M. Bullock (London, 1963)

Goodrich, L. Carrington and Chaoying Fang, eds, *Dictionary of Ming Biography*, 2 vols (New York and London, 1976)

Goody, Jack, *The Culture of Flowers* (Cambridge, 1993)

Graham, Dorothy, *Chinese Gardens: Gardens of the Contemporary Scene, an Account of their Design and Symbolism* (New York, 1938)

顾起元，《客座赘语》，元明史料笔记丛刊版（北京，1987）

海瑞，《海瑞集》（北京，1962）

Hamashima Atsutoshi, 'The Organization of Water Control in the Kiangnan Delta in the Ming

Period', *Acta Asiatica*, XXXVIII (1980), pp. 69—92

Handlin Smith, Joanna F., 'Gardens in Ch'i Piao-chia's Social World: Wealth and Values in Late Ming Kiangnan', *Journal of Asian Studies*, LI (1992), pp. 55—81

Hargett, James M., 'Huizong's Magic Marchmount: The Genyue Pleasure Park of Kaifeng', *Monumenta Serica*, XXXVIII (1989—90), pp. 1—48

Harrist, Robert E., 'Site Names and their Meaning in the Garden of Solitary Enjoyment', *Journal of Garden History*, XIII (1993), pp. 199—212

Hase, Patrick H. and Lee Man-yip, 'Sheung Wo Hang Village, Hong Kong: A Village Shaped by *Fengshui*', in Roland G. Knapp, ed., *Chinese Landscapes: The Village as Place* (Honolulu, 1992), pp. 79—94

Hay, A. J., *Huang Kung-wang's 'Dwelling in the Fu-ch'un Mountains': Dimensions of a Landscape*, unpublished PhD diss., Princeton University, 1978

——, *Kernels of Energy, Bones of Earth: The Rock in Chinese Art*, China Institute in America (New York, 1985)

——, 'Structure and Aesthetic Criteria in Chinese Rocks and Art', *Res*, XIII (Spring 1987), pp. 6—22

Jean Claude Philippe Isidore Hedde, *Déscription méthodique des produits divers réceuillis dans un voyage en Chine* (St Etienne, 1848)

Henderson, John B., *The Development and Decline of Chinese Cosmology* (New York, 1984)

Ho Peng Yoke, *Li, Qi and Shu: An Introduction to Science and Civilisation in China* (Seattle and London, 1985)

——, 'Chinese Science: the Traditional Chinese View', *Bulletin of the School of Oriental and African Studies*, LIV/3 (1991), pp. 506—519

Ho Ping-ti, 'The Introduction of American Food Plants into China', *American Anthropologist*, LVII (1955), pp. 191—201

Hong Kong Museum of Art, *Anthology of Chinese Art: Min Chiu Society Silver Jubilee Exhibition* (Hong Kong, 1985)

Hornby, Joan, 'China', in Bente Dam-Mikkelsen and Torben Lundbaek, eds, *Ethnographic Objects in the Royal Danish Kunstkammer*, Nationalmuseets skrifter Etnografisk raekke vol. 17 (Copenhagen, 1980), pp. 155—219

侯仁之编，《北京历史地图集》（北京，1985）

Huang, Ray, *Taxation and Governmental Finance in Sixteenth-century Ming China*, Cambridge Studies in Chinese History, Literature and Institutions (Cambridge, 1974)

——, *1587, A Year of No Significance: The Ming Dynasty in Decline* (New Haven and London, 1981)

黄省曾，《吴风录》，1 卷，学海类编，涵芬楼重印版（上海，1920）

皇甫汸修，《长洲县志》，14 卷，1571 年序，刊刻于 1598 年

Hucker, Charles O., *The Censorial System of Ming China*, Stanford Studies in the Civilizations of Eastern Asia (Stanford, 1966)

——, *A Dictionary of Official Titles in Imperial China* (Stanford, 1985)

Hummel, Arthur W., *Eminent Chinese of the Ch'ing Period*, Ch'eng Wen Publishing Company reprint edn (Taipei, 1970)

Hunt, John Dixon, *Gardens and the Picturesque: Studies in the History of Landscape Architecture* (Cambridge, MA, 1992)

Hyland, Alice R. M., *Deities, Emperors, Ladies and Literati: Figure Paintings of the Ming and Qing Dynasties* (Seattle and London, 1987)

——, 'Colophons Written by Wen Jia (1501—1583)', *Oriental Ait*, n.s. XXXVIII/3 (1992), pp. 134—144

Inden, Ronald, *Imagining India* (Oxford, 1990)

Ip, Benjamin Wai-Bun, 'The Expression of Nature in Traditional Su Zhou Gardens', *Journal of Garden History*, VI/2 (1986), pp. 125—140

Jackson, John Brinckerhoff, *The Necessity for Ruins, and Other Topics* (Amherst, 1980)

Ji Cheng, *The Craft of Gardens*, trans. Alison Hardie, photographs by Zhong Ming, with a foreword by Maggie Keswick (New Haven and London, 1988)

江兆申，《文徵明与苏州画坛》，故宫丛刊甲种（台北，1977）

金学智，《中国园林美学》（南京，1990）

Karson, Robin, *Fletcher Steele, Landscape Architect: An Account of the Gardenmaker's Life, 1885—1971* (New York, 1989)

Keirstead, Thomas, *The Geography of Power in Medieval Japan* (Princeton, 1992)

——, 'Gardens and Estates: Medievality and Space', *Positions: East Asia Cultures Critique*,

Ⅰ (1993), pp. 289—320

Kerby, Kate, *An Old Chinese Garden: A Three-fold Masterpiece of Poetry, Calligraphy and Painting, by Wen Chen Ming, Famous Landscape Artist of the Ming Dynasty. Studies Written by Kate Kerby, Translations by Mo Zung Chung*, Chung Hwa Book Company (Shanghai, 1922)

Keswick, Maggie, *The Chinese Garden: History, Art and Architecture* (London, 1978)

Kline, S. L., *Colonial Culhuacan, 1580—1600: A Social History of an Aztec Town* (Albuquerque, 1986)

孔旭编，《中国果树栽培学》（北京，1978）

孔晨，《聊以画图写清居——谈以园林、庭院为题材的吴门绘画》，载《故宫博物院院刊》，XLIX (1990.3)，页 87—91

Laing, Ellen Johnston, 'Wen Tien and Chin Chün-ming', *Journal of the Institute of Chinese Studies of the Chinese University of Hong Kong*, VIII/2 (1976), pp. 411—422

——, 'Qiu Ying's Depiction of Sima Guang's Duluo [sic] Yuan and the View from the Chinese Garden', *Oriental Art*, n.s., XXXIII (1987), pp. 375—380

——, 'Ch'iu Ying's Two Garden Paintings Belonging to the Chion-in, Kyoto', *Proceedings of the International Colloquium on Chinese Art History: Painting and Calligraphy*, 2 vols, National Palace Museum (Taipei, 1992), 1, pp. 331—358

郎瑛，《七修类稿》，2 卷（台北，1984）

Laufer, Berthold, 'The Wang Ch'uan T'u, a Landscape of Wang Wei', *Ostasiatische Zeitschrift*, Ⅰ (1912—1913), pp. 28—55

《全国文物工作者团结起来，在党的旗帜下粉粹右派分子的进攻——诉陈梦家等的谬论》，《文物参考资料》（1956 年 8 月），页 1—2

梁鸿志，《拙政园记》，《古今》，XII/I (1942)，页 460—461

Lazzaro, Claudia, *'The Italian Renaissance Garden: From the Conventions of Planting, Design and Ornament to the Grand Gardens of Sixteenth-century Central Italy* (New Haven and London, 1990)

Ledderose, Lothar, 'Subject Matter in Early Chinese Painting Criticism', *Oriental Art*, n.s.; XIX (1973), pp. 1—15

Lee, Peter H., *A Korean Storyteller's Miscellany: The 'P'aegwan chapki' of Ŏ sukkwŏn*, Princeton Library of Asian Translations (Princeton, 1989)

Leeming, Frank, 'Official Landscapes in Traditional China', *Journal of the Economic and Social History of the Orient*, XXIII (1980), pp. 153—204

Li, Chu-tsing, and James C. Y. Watt, eds, *The Chinese Scholar's Studio: Artistic Life in the Late Ming Period* (New York, 1987)

Liscomb, Kathlyn, 'The Eight Views of Beijing: Politics in Literati Art', *Artibus Asiae*, IL (1988—1989), pp. 127—152

刘策,《中国古代园囿》(宁夏, 1979)

刘敦桢,《苏州古建筑调查记》, 中国营造学社 (北京, 1936)

——,《苏州古典园林》, 中国建筑出版社 (n.p., 1979)

——, The Traditional Gardens of Suzhou (《苏州古典园林》), an abridged translation by Frances Wood, *Garden History*, Journal of the Garden History Society, X/2 (1982), pp. 108—141

刘九庵,《吴门画家之别号图及鉴别举例》, 载《故宫博物院院刊》, XLIX (1990 年第 3 期), 页 54—61

刘侗、于奕正撰,《帝京景物略》, 1635 年序, 北京古籍出版社版 (北京, 1980)

Liu Ts'un-yan, 'The Penetration of Taoism into the Ming Neo-Confucian Elite', *T'oung Pao*, LVII (1971), pp. 31—102

刘宗周, 增订《人谱类记》, 上海大兴图书公司版 (上海, 1935)

Loudon, J. C., *An Encyclopaedia of Gardening: Comprising the Theory and Practice of Horticulture, Floriculture, Arboriculture and Landscape Gardening, Including all the Latest Improvements*; *A General History of Gardening in all Countries; and a Statistical View of its Present State, with Suggestions for its Future Progress in the British Isles*, A New Edition, Considerably Improved and Enlarged (London, 1834)

McDermott, Joseph P., 'Bondservants in the T'ai-hu Basin During the Late Ming: A Case of Mistaken Indentities', *Journal of Asian Studies*, XL (1981), pp. 675—701

——, 'The Making of a Chinese Mountain, Huangshan: Politics and Wealth in Chinese Art', *Art and Power in Japan and China*, special number of *Asian Cultural Studies*, International Christian University Publications III-A (Tokyo, 1989), pp. 145—176

——, review of Ji Cheng, *The Craft of Gardens*, trans. Alison Hardie, in *Garden History*, Journal of the Garden History Society, XVIII/I (1990), pp.70—74

McPherson, C. B., *The Political Theory of Possessive Individualism* (Oxford, 1962)

Marmé, Michael, 'Population and Possibility in Ming (1368—1644) Suzhou: A Quantified Model', *Ming Studies*, XII (Spring 1981), pp. 29—64

March, Andrew, 'An Appreciation of Chinese Geomancy', *Journal of Asian Studies*, XXVII (1968), pp. 253—267

March, Benjamin, 'Linear Perspective in Chinese Painting', *Eastern Art: An Annual Published for the CAA*, III (1931), pp. 113—139

Meyer, Jeffery E., *The Dragons of Tiananmen: Beijing as a Sacred City* (Columbia, SC, 1991)

Miller, Mara, 'Gardens as Works of Art: The Problem of Uniqueness', *British Journal of Aesthetics*, XXVI (1986), pp. 252—256

《明人传记资料索引》, 中华书局重版（北京, 1987）

Mori Masao, 'The Gentry in the Ming—An Outline of the Relations Between the *Shih-ta-fu* and Local Society', *Acta Asiatica*, XXXVIII (1980), pp. 31—53

Mote, F. W., 'The Transformation of Nanking, 1350—1400', in G. William Skinner, ed., *The City in Late Imperial China* (Stanford, 1977), pp. 101—153

——, 'A Millenium of Chinese Urban History: Form, Time and Space Concepts in Soochow', *Rice University Studies*, LIX/4 (1973), pp. 35—65

——, and Dennis Twitchett, eds, *The Cambridge History of China*, vol. 7 *The Ming Dynasty, 1368—1644: Part I* (Cambridge, 1988)

Munakata, Kiyohiko, 'Mysterious Heavens and Chinese Classical Gardens', *Res*, XV (1988), pp. 61—88

Nance, F. R., *Soochow, The Garden City*, Kelly & Walsh Ltd (Shanghai, 1936)

Needham, Joseph, with the collaboration of Wang Ling, *Science and Civilization in China. Volume 3: Mathematics and the Sciences of the Heavens and the Earth* (Cambridge, 1959)

——, with the collaboration of Lu Gwei-djen and a special contribution by Huang Hsing-tsung, *Science and Civilization in China, Volume 6: Biology and Biological Technology, Part I: Botany* (Cambridge, 1986)

Nienhauser, William, H., Jr., ed., *The Indiana Companion to Traditional Chinese Literature* (Bloomington, 1986)

牛若麟修, 王焕如纂,《吴县志》, 1642 年序, 54 卷, 插图增卷 1

Olalquiaga, Celeste, *Megalopolis: Contemporary Cultural Sensibilities* (Minneapolis and Oxford,

1992)

Potter, Jack M., 'Cantonese Shamanism', in Arthur P. Wolf, ed., *Religion and Ritual in Chinese Society* (Stanford, 1974), pp. 207—231

Pugh, Simon, ed., *Reading Landscape: Country - City - Capital*, Cultural Politics (Manchester and New York, 1990)

——, 'Introduction: Stepping out into the open', in *Reading Landscape*, Simon Pugh ed., pp. 1—6

Qian Yun, ed, *Classical Chinese Gardens*, Joint Publishing Company (Hong Kong and Beijing, 1982)

钱泳,《履园丛话》,清代史料笔记丛刊版,2卷(北京,1979)

Ruitenbeek, Klaas, *Carpentry and Building in Late Imperial China: A Study of the Fifteenth-century Carpenter's Manual*, Lu Ban Jing, Sinica Leidensia 23 (Leiden, New York and Cologne, 1993)

Said, Edward, *Culture and Imperialism* (New York, 1993)

Sawada, Masahiro, 'Mindai Soshū Bun-shi no inseki. Gochū bun-en kōsatsu e no tekakari' (The Matrimonial Relations of the Wens in Su Chou in the Ming Dynasty), *Daitō bunka daigaku kiyō (jimbun kagaku)*, XXII (1984.3), pp. 55—71

Schafer, Edward H., *Tu Wan's Stone Catalogue of Cloudy Forest* (Berkeley and Los Angeles, 1961)

——, 'Hunting Parks and Animal Enclosures in Ancient China', *Journal of the Economic and Social History of the Orient*, XI (1968), pp. 318—343

Schinz, Alfred, *Cities in China: Urbanization of the Earth/Urbanisierung der Erde*, ed. Wolf Tietze (Berlin and Stuttgart, 1989)

Schoppa, R. Keith, *Xiang Lake: Nine Centuries of Chinese Life* (New Haven and London, 1989)

Schurman, H. F., 'Traditional Property Concepts in China', *Far Eastern Quarterly*, XV/4 (1956), pp. 507—516

沈德符,《万历野获编》,元明史料笔记丛刊,第二版,3卷(北京,1980)

申时行等修,《大明会典》,中华书局版(北京,1989)

Shuzo Shiga, 'Family Property and the Law of Inheritance in Traditional China', in David C. Buxbaum, ed., *Chinese Family Law and Social Change in Historical and Comparative Perspective* (Seattle and London, 1978), pp. 109—150

Siggstedt, Mette, 'Forms of Fate: An Investigation of the Relationship Between Formal Portraiture,

Especially Ancestral Portraits, and Physiognomy（相术）in China', *Proceedings of the International Colloquium on Chinese Art History: Painting and Calligraphy*, 2 vols, National Palace Museum (Taipei, 1992), II, pp. 713—748

Sirén, Osvald, *Gardens of China* (New York, 1949)

Smith, Richard J, *Fortune Tellers and Philosophers: Divination in Traditional Chinese Society* (Boulder, San Francisco and Oxford, 1991)

Steele, Fletcher, 'China Teaches: Ideas and Moods from Landscape of the Celestial Empire', *Landscape Architecture*, XXXVII (1946—1947), pp. 88—93

——, *Gardens and People* (Boston, 1964)

Stein, Rolf A., *The World in Miniature: Container Gardens and Dwellings in Far Eastern Religious Thought*, trans. Phyllis Brooks, with a new foreword by Edward H. Schafer (Stanford, 1990)

Stewart, Susan, *On Longing: Narratives of the Miniature, the Gigantic, the Souvenir, the Collection* (Durham, NC, and London, 1993)

Stuart, Jan, 'Ming Dynasty Gardens Reconstructed in Words and Images', *Journal of Garden History*, X (1990), pp. 162—172

——, review of Ji Cheng, *The Craft of Gardens*, trans. Alison Hardie, in *Journal of the Society of Architectural Historians*, XLIX (1990), pp. 213—214

孙云蔚编，《中国果树史与果树资源》（上海，1983）

苏州市文物保全委员会，《苏州虎丘塔出土文物》（北京，1958）

苏州园林博物馆，《苏州园林博物馆建馆纪念》（苏州，1992）

——，《苏州园林博物馆建馆资料汇编》（苏州，1992）

Swetz, Frank J., *The Sea Island Mathematical Manual: Surveying and Mathematics in Ancient China* (University Park, PA, 1992)

陶富海，《山西襄芬丁村民居》，载《文物》（1992 年第 6 期），页 53—62

Taylor, Romeyn, 'Official and Popular Religion and the Political Organization of Chinese Society in the Ming', in Kwang-ching Liu, ed., *Orthodoxy in Late Imperial China*, Studies on China 10 (Berkeley, Los Angeles and Oxford, 1990), pp. 126—157

Thomas, Nicholas, *Entangled Objects: Exchange, Material Culture and Colonialism in the Pacific* (Cambridge, MA, and London, 1991)

《天水冰山录》，1562 年序，载《明武宗外纪》，中国历史研究资料丛书版，1951 年重刊，上

海神州国光社版（上海，1982）

佟屏亚，《果树史话》（北京，1983）

童寯，《江南园林考》（北京，1984）

Tribe, Keith, *Land, Labour and Economic Discourse* (London, Henley and Boston, 1978)

Tsu, Frances Ya-sing (朱亚新), *Landscape Design in Chinese Gardens* (New York, 1988)

Tuan, Yi-fu, 'Language and the Making of Place: A Narrative-Descriptive Approach', *Annals of the Association of American Geographers*, LXXXI/4 (1991), pp. 684—696

Van Erp-Houtepen, Ann, 'The Etymological Origin of the Garden', *Journal of Garden History*, VI (1986), pp. 227—231

Vermeer, Eduard B., 'The Decline of Hsing-hua Prefecture in the Early Ch'ing', in E. B. Vermeer, ed., *Development and Decline of Fukien Province in the 17th and 18th Centuries*, Sinica Leidensia 22 (Leiden, 1990)

Vinograd, Richard, 'Family Properties: Personal Context and Cultural Pattern in Wang Meng's *Pien Mountains* of 1366', *Ars Orientalis*, XIII (1982), pp. 1—29

Wakeman Jr., Frederic, *The Great Enterprise: The Manchu Reconstruction of Order in Seventeenth Century China*, 2 vols (Berkeley, Los Angeles and London, 1985)

王鏊编修，《姑苏志》，1506年序，中国史学丛书影印版（台北，1956）

王重民撰，《中国善本书提要》（上海，1983）

Wang Dongfeng, ed.《简明中国亨饪词典》（太原，1987）

王家城，《文徵明寄情园林的心路历程》，《中国艺术文物讨论会论文集》，卷2，台北故宫博物院（台北，1992）

温建，《文徵明〈真赏斋图〉》，载《文物》（1978年第6期），页89—90

汪菊渊，《苏州明清宅园风格的分析》，载《园艺学报》，11/2（1963年5月），页177—194

王琦，《寓圃杂记》，1500年序，元明笔记史料丛刊版（北京，1984）

汪世清，《董其昌的交游》，载 Wai-kam Ho and Judith G. Smith, eds, *The Century of Tung Ch'i-ch'ang 1555—1636*, 2 vols (Seattle and London, 1992), II, pp. 461—483

王世仁，《〈勺园修禊图〉中所见的一些中国庭园布置手法》，载《文物参考资料》（1957年第6期），页20—24

王耀庭，《〈桃花源〉与〈花溪渔隐〉》，《中国艺术文物讨论会论文集》，卷2，台北故宫

博物院（台北，1992），页 279—305

王毓瑚，《中国农学书录》第二版（北京，1979）

王祯，《农书》，中华书局版（北京，1956）

韦庆远，《明代黄册制度》（北京，1961）

文含，《文氏族谱》，1 卷，曲石丛书版（苏州，n.d.）

文肇祉编，《文氏五家集》，4 卷，钦定四库全书珍本初集版（上海，1934—1935）

——《虎丘山志》，5 卷，1578 年序

文徵明，《甫田集》，明代艺术家集汇刊，2 卷（台北，1968）

——《文徵明集》，周道振编，上海古籍出版社版，2 卷（上海，1987）

文震亨，《长物志校注》，江苏科学技术出版社版，陈植注，杨超伯校（南京，1984）

West, Stephen H., 'Cilia, Scale and Bristle: The Consumption of Fish and Shellfish in the Eastern Capital of the Northern Song', *Harvard Journal of Asiatic Studies*, XLVII (1990), pp. 595—634

Westcoatt, James, 'Landscapes of Transformation: Lessons from the Earliest Mughal Gardens in India, 1526—1530 AD', *Landscape Journal*, X (1991), pp. 105—114

Whitfield, Roderick, with an Addendum by Wen Fong, *In Pursuit of Antiquity: Chinese Paintings of the Ming and Ch'ing Dynasties from the Collection of Mr and Mrs Earl Morse*, The Art Museum, Princeton University (Rutland, VT, and Tokyo, 1969)

Wilhelm, Hellmut, 'Shih Ch'ung and His Chin-ku Yüan', *Monumenta Serica*, XVIII (1959), pp. 314—327

Williams, Robert, 'Rural Economy and the Antique in the English Landscape Garden', *Journal of Garden History*, VII/I (1987), pp. 73—96

Wilson, Marc F., and Kwan S. Wong, *Friends of Wen Cheng-ming: A View from the Crawford Collection*, China House Gallery (New York, 1974)

Wright, Arthur F., 'The Cosmology of the Chinese City', in G. William Skinner, ed., *The City in Late Imperial China* (Stanford, 1977)

吴长元辑，《宸垣识略》，1788 年序，北京古籍出版社版（北京，1981）

Wu, Pei-yi, *The Confucian's Progress: Autobiographical Writings in Traditional China* (Princeton, 1990)

《吴派画九十年展》，台北故宫博物院（台北，1975）

谢国桢编，《明代社会经济史料选编》，3 卷（福州，1980—1981）

谢肇淛，《五杂俎》，国家珍本文库版，辑 1，第 13 种，2 卷（上海，1935）

徐光启，《农政全书》，石声汉校注，西北农学院古农学研究室，3 卷（上海，1983）

许忠陵，《杜琼和他的两幅山水画》，载《文物》（1991 年第 9 期），页 74—77

Yang, C. K., *Religion in Chinese Society: A Study of Contemporary Social Functions of Religion and Some of their Historical Factors* (Berkeley and Los Angeles, 1967)

叶静渊主编，《中国农学遗产选集甲类第十四种：柑橘（上编）》（北京，1958）

Yee, Cordell D. K., 'A Cartography of Introspection: Chinese Maps as Other then European', *Asian Art*, v/4 (1992), pp. 29—47

俞宗本，《种树书》，1 卷，格致丛书，函 19，册 103

袁宏道，《袁中郎全集》，广智书局版（香港，n.d.）

——, *Pilgrim of the Clouds: Poems and Essays from Ming China*, trans. Jonathan Chaves (New York and Tokyo, 1978)

袁殊，《拙政园记》，载《古今》，XIV/I (1943)，页 536—542

Zeitlin, Judith, 'The Petrified Heart: Obsession in Chinese Literature, Art, and Medicine', *Late Imperial China*, XII/I (1991), pp. 1—26

张海鹏、王廷元编，《明清徽商资料选编》（合肥，1985）

张家骥，《中国造园史》（台北，1990）

张慧剑，《明清江苏文人年表》（上海，1986）

张廷玉主修，《明史》，中华书局版，28 卷（北京，1974）

赵冈，《明代地籍研究》，中央研究院近代史研究所集刊，第 19 期（1980），页 37—59

《中国丛书总录》，修订版，3 卷（上海，1982）

中国社会科学院历史研究所明史室编，《明史史料丛刊》，第 1 期（南京，1981）

朱文杰，《无锡新发现明代高攀龙手书家信》，载《文物》（1986 年第 4 期），页 75—76

Zurndorfer, Harriet T., *Change and Continuity in Chinese Local History: The Development of Hui-chou Prefecture 800 to 1800*, Sinica Leidensia 20 (Leiden, 1989)

索 引

access to gardens 园林开放 91–97, 140, 198

agronomic literature 农艺学文献 38–59, 78–81, 117

architecture, garden 园林建筑 30, 61, 95, 167, 189

aristocracy, as garden owners 作为园林主的贵族 64, 67, 116, 161

bamboo 竹 39, 44, 80, 115, 172

Bian min tu zuan ('Illustrated Epitome to Benefit the People') 《便民图篹》f19, 78, 142–143

birds 禽 62, 168, 173

bonsai 盆景 100–101, 160, 171

bridges 桥 134–135, 167

Brown, Peter 彼得·布朗 106–107

Bu nong shu (*Enlarged Book of Agriculture*) 《补农书》78–80

Burke, Peter 彼得·伯克 97

cost of gardens 园林花费 46, 129–130

da Cruz, Gaspar 加斯帕·达·克鲁斯 43, 61, 77, 133

de Certeau, Michel 米歇尔·德塞都 140–141

Dong Qichang 董其昌 100, 166

Du Qiong 杜琼 19–20, 150

Befriending the Pines 《友松图》f23, 100

England 英国 58, 150

Gardens 园林 50, 55, 144, 150–151

property law 财产法 197–198, 200

Er yuan ji (*Two Garden Gatherings*) 《二园集》17–18, 64

Flowers 花 61, 72–73, 80, 101, 167–171, 211 n37, 214 n44

Foucault, Michel 米歇尔·福柯 56, 137

Fruit 果 17, 21, 39–44, 61, 69, 71–72, 80, 146, 167–168, 173, 213 n93

dwarfed 矮化果树 101

Gao Song zhu pu ('Gao Song's Chrysanthemum Album') 《高嵩竹谱》f44

Gardens:

Apricot Garden (*Xing yuan*) 杏园 17, 20, 64

Bamboo Garden (*Zhu yuan*) 竹园 18, 64

Dipper Garden (*Shao yuan*) 勺园 153

Eastern Estate (*Dong zhuang*) 东庄 16–18, 69, 109, 145, 190, 197

Fragrant Grasses Hillock (*Xiang cao cha*) 香草垞 70

Garden of Solitary Delight (*Du le yuan*) 独乐园 27, 95

Garden of the Earth Spirit (*Qi yuan*) 衹园 76

Garden of the Master of the Fishing Nets (*Wang shi yuan*) 网师园 36, 37

Garden of the Unsuccessful Politician (*Zhuo zheng yuan*) 拙政园 1–5, 6–11, 23–59, 69, 76, 139–143, 145–146, 156, 201, 204

Golden Valley Garden (*Jin gu yuan*) 金谷园 53–55

Half-Acre Garden (*Ban mu yuan*) 半亩园 91

Just–so Patch (*Shi shi pu*) 适适圃 70

Lingering Garden (*Liu yuan*) 留园 35, 39

Little Dongting 小洞庭 19–20

Mustard Seed Garden (*Jie zi yuan*) 芥子园 91

Mysterious Plot (*Xuan pu*) 玄圃 90

Nancun Villa 南村别墅 150

Pleasure Patch (*Le pu*) 乐圃 19, 69–70, 76

Qichang Garden 寄畅园 67

Reclusion in the City Garden (*Shi yin yuan*) 市隐园 93, 116

Returning to the Fields Garden (*Gui tian yuan*) 归田园 78, 98, 119, 153, 166, 201

Southern Garden (*Nan yuan*) 南园 76

Spring Floating Garden (*Chun fou yuan*) 春浮园 89

Sprouting Garden (*Mi yuan*) 米园 184

Stone-Lion Garden (*Shizi lin*) 狮子林 41, 73–74, 150, 203–204

Surging Waves Pavilion (*Canglang ting*) 沧浪亭 60, 68, 76, 146, 203

Thoughts Hermitage (*Si an*) 思庵 20

Truly Apt Garden (*Zhen shi yuan*) 真适园 62, 110

Western Garden (*Xi yuan*) 西园 62

Xia Family Garden 夏家园 19

gardens, imperial 皇家园林 60–64, 95, 116, 178, 182–183

gender, and gardens 性别与园林 168, 206

geomancy 堪舆 57, 67, 178–189, 224 n18

geomancer's compass 风水盘 45

gifts 礼物 146, 163

Graham, Dorothy 多萝西·格雷厄姆 12, 204–205

graves 墓 68, 130–131, 180, 187, 199–200

Gu Qiyuan 顾起元 67, 101, 171, 181

Gui Youguang 归有光 153

Guo Xi 郭熙 91, 101, 171

Hai Rui 海瑞 47–49, 194

Hangzhou　杭州 21, 171, 181, 203

Hedde, Isidore　耶德 204–205

Horticulture　园艺学 16, 22, 40, 49, 52, 68, 89

Huang Gongwang　黄公望 100

　Dwelling in the Fuchun Mountains　《富春山居图》f42, 156, 183

Huang Xingzeng　黄省曾 73, 101, 136

Hunt, John Dixon　约翰·迪克森·亨特 14

imperial gardens　皇家园林 60–64, 95, 116, 178, 182–183

Italy　意大利 14, 49–50, 55, 97, 133, 134–135, 144, 196–198, 201

Jin ping mei　《金瓶梅》185, 206

Keirstead, Thomas　托马斯·基尔斯特德 14

Kunshan　昆山 19, 20–21

lacquer ware　漆器 25, 43, 157–158

Lang Ying　郎瑛 74

Lazzaro, Claudia　克劳迪亚·拉扎罗 50

Li Dongyang　李东阳 16–17, 20–21, 109, 161, 196, 209 n13

Li Xian　李贤 61–62

literary descriptions of gardens　园林的文学记述 61–62, 137–144

Liu Dunzhen　刘敦桢 24, 30–31, 39, 204–205

Liu Zongzhou　刘宗周 101–102

Lu Ban jing (*Classic of Lu Ban*)　《鲁班经》184–188

luxury, gardens as　作为奢侈的园林 21, 51, 55, 70–71, 78, 90–91, 101–103

Ma Yuan　马远 101, 171

　Egrets on a Snowy Bank　《雪滩双鹭图》f29

maps　地图 164–165, 189–193

mathematics　数学 193–197

Mauss, Marcel　马塞尔·莫斯 163

Metropolitan Museum of Art, New York　纽约大都会美术馆 12, 37

Mexico　墨西哥 40

names, in gardens　园林中的景点 30, 62, 91, 93, 111, 119, 144–148, 153, 200, 209 n19

Nance, F. R.　F.R. 南斯 204–205

Nanjing　南京 60, 64–65, 72, 93, 101, 116, 178, 181, 202

Nong zheng quan shu (*Complete Book of the Regulation of Agriculture*)　《农政全书》f16, 41–58, 72, 89

Number (*shu*)　数 177–178, 189 see also mathematics，参见"数学"

paintings　画作 21, 24, 64, 98–99, 102, 137, 143, 148–166, 172, 175

　bie hao tu　《别号图》153–166

　definitions of　定义 164–165

　and geomancy　与堪舆术 183–184

　murals　壁画 199–200

Pan Yue 潘岳 23, 51–54

Peking 北京 58, 60–64, 72–73, 95, 107, 116, 153, 157, 202

poetry 诗歌 52, 64, 145, 152

ponds 池 46, 50, 61, 67, 172

property 田产 17–18, 102
    law of 田产法 113, 163, 197–202

Qi Biaojia 祁彪佳 68, 78, 95, 102, 166

Qian Gu 钱穀 *The Small and Tranquil Garden* 《小祇园》 f26

Qian Yong 钱泳 31–32, 131

qing gao 清高 57, 106–107, 151–152

Qiu Ying 仇英
    Dwelling in a Garden 《园居图》 f24
    The Garden of Solitary Delight 《独乐园图》 f27, 152–153

Qu xian shen yin shu (*Book of Divine Eremitism of the Emaciated Immortal*) 《臞仙神隐书》 56–57

Reclusion (*yin*) 隐 91–93
    'reclusion in the city' (*shi yin*) 市隐 146

Ricci, Matteo 利玛窦 95, 180

rocks 岩, 石 19, 35–36, 73–75, 78, 90, 98–99, 138, 164, 167, 172–173, 214 n46
    and geomancy 与风水 185–188

San cai tu hui ('Illustrated Compendium of the Three Powers') 《三才图绘》 f12, f13, f14, f15
    and geomancy 与风水 185–188

shan shui ('mountains and water') 山水 98, 178, 199

Shen Zhou 沈周 20, 108, 147, 150–151, 161
    Twelve Views of Tiger Hill 《虎丘十二景》 f28, 150

Shi Ji 史际 112, 143, 147

shrines 祠 132–133

Steele, Fletcher 弗莱彻·斯梯尔 10–11

Stewart, Susan 苏珊·斯图尔特 91, 202

sumptuary laws 奢侈法 51

Taihe 泰和 22, 89, 156–157, 181

Tang Yin 唐寅 62–63, 133, 136, 153, 157, 161, 165

Tao Yuanming 陶渊明 53, 107, 117, 138, 148, 152, 169

taxation 税收 49, 190–196

Tian Rucheng 田汝成 101

Tiger Hill 虎丘 f28, 34, 100, 135–136, 151, 169, 219 n75

trees 树木 39–44, 46, 71–73, 78, 164, 172
    dwarfed 盆景 101, 160, 171

vegetables 蔬 17, 21, 40, 52, 61, 69, 77, 80, 167–169, 173–174

Wang Ao 王鏊 18, 62–64, 110, Ⅲ, 132, 136, 157, 209 n10

Wang Shimin 王时敏 97–98

Wang Shizhen 汪士禛 64, 73, 93

   Record of Visiting the Gardens of Jinling (*You Jinling zhu yuan ji*)《游金陵诸园记》64–67

   Compilation of Famous Gardens and Estates Ancient and Modern (*Gu jin ming yuan shu bian*)《古今名园墅编》138

Wang Xianchen 王献臣 23–58, 64, 108, 112, 146, 148, 156, 210 n26

Wang Zhen nong shu (*Wang Zhen's Book of Agriculture*)《王祯农书》40, 89

Wen Boren 文伯仁 115, 160, 165

Wen Congjian 文从简 120–121, 129

Wen Han 文含 105, 113

Wen Hong 文洪 21, 109, 133, 136

Wen Hui 文奎 115, 130

Wen Jia 文嘉 109, 115, 150

Wen Lin 文林 115, 129–130, 133–134, 136, 194

Wen Peng 文彭 109, 115, 194

Wen Sen 文森 115, 130, 133–134

Wen Yuanfa 文元发 117, 130–131, 194–195

Wen Zhaozhi 文肇祉 115–117, 129, 131, 135–136, 151

Wen Zhenheng 文震亨 70, 119–121, 129

   Treatise on Superfluous Things《长物志》70, 93–94, 105, 138, 166–174, 187–189, 206

Wen Zhenmeng 文震孟 117–119, 129, 132

Wen Zhengming 文徵明 20–21, 23–24, 63, 77, 104–116, 129–130, 132, 150–151, 153, 158, 191, 209, n13

   and geomancy 与风水 181–183

   poetry by 文徵明的诗 21, 24, 30, 57–58, 62–63, 108–112

   Farewell at Tingyun《停云馆言别图》f32

   Living Aloft《楼居图》23, 152

   Record of Dwelling in the Mountains at Jade Maiden Pool《玉女潭山居记》112, 143–144, 146–148, 182–183

   Record of the Garden of the Unsuccessful Politician《拙政园记》30, 38–58, 61, 68, 98, 112, 139–143

   The Garden of the Unsuccessful Politician (1533 album)《拙政园图册》(1533年版) 1–5, 30, 148–150, 164

   The Garden of the Unsuccessful Politician (1551 album)《拙政园图册》(1551年版) 6–11, 30, 148–150

   Studio of True Connoisseurship《真赏斋图》161–163

   The Yingcui Studio《影翠轩图》f21

Williams, Robert 罗伯特·威廉斯 50

Wu Kuan 吴宽 17–18, 20–21, 64, 108–109, 133, 136, 161

Wuxi 无锡 67

Xia Chang 夏昶 19–20

Xie Huan 谢环 *Elegant Gathering in the Apricot Garden*《杏园雅集图》f20, 64

Xie Zhaozhe　谢肇淛 74–75, 93, 180–181, 187, 201

Xu Ben　徐贲 *The Stone-Lion Garden* 《狮子林图》f41, 150

Yang Rong　杨荣

Yang Shiqi　杨士奇 17, 61, 64

Yangzhou　扬州 203

Yi jing (*Book of Changes*) 《易经》177–178, 183

Yuan Hongdao　袁宏道 135

A Brief Account of Gardens and Pavilions (*Yuan ting ji lüe*) 《园亭纪略》76–77

Yuan ye (*The Craft of Gardens*) 《园冶》139, 174–176, 188–189, 223 n79

Zhao Mengfu　赵孟頫 100

Bamboo, Rocks and Lonely Orchids 《竹石幽兰图》 f31

Zhuo ('artless') 拙 53